逆境路線バス職員日誌

車庫の端から日本をのぞくと

綿貫渉

はじめに

私は「綿貫渉／交通系YouTuber」という名前で、主に公共交通に関する情報を発信している。現在「鉄道系」や「交通系」の肩書を名乗り同様の活動をしている人は数多くいるが、私の最大の強みは実際に交通機関で働いていた経験があることだ。２０２２年に刊行した『怒鳴られ駅員のメンタル非常ボタン』は私の駅員時代の経験をもとにした作品である。

しかし、私は交通機関の職員として駅員だけをやっていたわけではない。２００６年に駅員のアルバイトを始め、２０１４年にバス会社に就職、２０１６年に鉄道会社に転職し、２０２１年に鉄道会社を退職したという経歴だ。このうち、バス会社で働いていたのは1年半であり、かなり短い期間に思えるかもしれない。しかし、私は大学時代に地理学を、その中でも交通地理学という分野を専攻しており、特にバスという交通機関のあり方について研究していた。バス会社に総合職として採用されたのはその研究の成果も決め手のひとつとなっている。バス会社は総合職と運転士で明確に仕事内容が分かれ、総合職は運転の仕事には就かない。基本的には本社の職員として会社自体の運営を支えるような仕事をする。私が本社配属後に営業所へ異動して経験した運行管理者の仕事はその根幹のひとつだ。

運行管理者は一言でいうと司令塔のような存在で、状況に応じて運転士に指示を出す役割だ。ただ、その指示を出すだけが仕事ならいいが、その合間には運転士の勤務表を作り、ひっきりなしに電話でかかってくる苦情の対応をして……というのがバスの運行管理者である。大規模な鉄道会社であればこれらの仕事はそれぞれ別の者が担当するが、私のバス会社では泊まり勤務の2人だけで対応する体制であった。これをすべてこなすのは正直かなり大変だった。バス会社に勤めていた期間は鉄道会社の在籍期間より大幅に短いが、それでもバス会社時代の記憶の方が色濃く残っている。本書では、日ごろ知ることの少ない運行管理者の仕事を解説しつつ、鉄道会社での仕事との比較や、バス運転士の仕事についても取材を行い、バスについて広い視野で知ってもらえるように書き上げた。本書を通じて新たにバスを利用し、さらには就職・転職の選択肢にバス業界を入れるきっかけになれば幸いだ。

目次

はじめに……002

1章 明日の運転士が決まってません！ 知られざるバス営業所職員の仕事 007

バス営業所で働く運行管理者の1日……008
バス営業所職員、出勤はバスで……012
コールセンターが欲しい電話対応……016
ヘビーな長時間クレーム対応……020
明日の運転士が決まってません！……028
バスの忘れ物はどこへ行く？……036
定期券は営業所の裏メニュー……038
運転士に囲まれるアウェーな昼食……042
深夜のバス営業所……046
泊まり勤務が終わっても帰れない……054
運転士の残業事情はなかなか複雑……060
バスの車両にも勤務表がある……064
バスを運転したことのない人が運転士を指導する……070
運転士が出勤してきません！……074
恐怖のアルコール検査……078
渋滞が発生すると登場する中休予備……084
振替輸送で団結力を感じる……088
事故発生！ そのとき運行管理者は……092
故障発生！ バスが動かない！……096
マルチタスクが求められる通行止め対応……102
バス停にいたのに無視された？……106
バスが早発してしまう……110
先輩が次々と休職。次は自分の番……118

組合員なのに労働組合に守ってもらえない…124
歴史的な新路線の開業…128
バス会社を去る日…134
運転士の労働環境はどんな感じ？…142
バス運転士は休みが取りやすいし、ノルマもない…148
バスはなぜ遅れる？
一筋縄ではいかない事情…152
現役運転士に聞いた！
運転士の実情レポート…160

2章 全国・世界のバス乗ってみた

165

全国・世界のバス1 120系統 那覇空港～名護バスターミナル（琉球バス・沖縄バス）…166
全国・世界のバス2 Silver Line Union Station ～ Harbor Gateway（ロサンゼルス郡都市圏交通局）…170
全国・世界のバス3 都01系統 新橋駅前～六本木一丁目駅前（東京都交通局）…174
全国・世界のバス4 境町自動運転バス第2期ルート 高速バスターミナル～道の駅さかい…176
全国・世界のバス5 はかた号 博多バスターミナル～バスタ新宿（西鉄バス）…182
全国・世界のバス6 中国 広州市BRT 体育中心～岗顶…188

全国・世界のバス7　東京駅から大阪駅まで路線バスを乗り継ぐ旅……190

3章　バスの行く末　交通インフラはこれからどうなる

207
バスの役割、そしてなぜ廃止されるのか……208
コミュニティバス以外の新たな交通手段の登場……214
2024年問題、バスはどうなる？……216
バスの未来はいずこに……222
『ローカル路線バス乗り継ぎの旅』チーフプロデューサーとバス旅の魅力を語り尽くす！……228

おわりに……238

コラム

1　バスってそもそもどうやって乗るの？　支払い方は？　乗り方は？……068
2　主なバス運賃の払い方3選……116
3　バス停が見つからない！　どうやって探す？……158
4　バスにも車種がある？……226

・本書に記載の情報は令和5年9月時点のものです。
・2章に登場する路線バス名、時刻表、運賃、運行ルートなどは、乗車当時のものです。お出かけの際は事前に最新の情報をご確認ください。
・地図はGoogleマップ、各バス会社の公式ホームページの情報をもとに編集部にて作成したものです。

1章

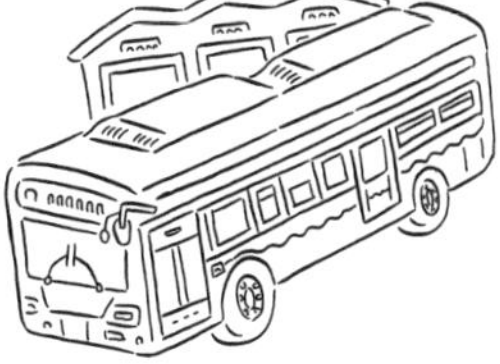

明日の運転士が決まってません！知られざるバス営業所職員の仕事

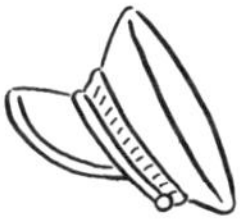

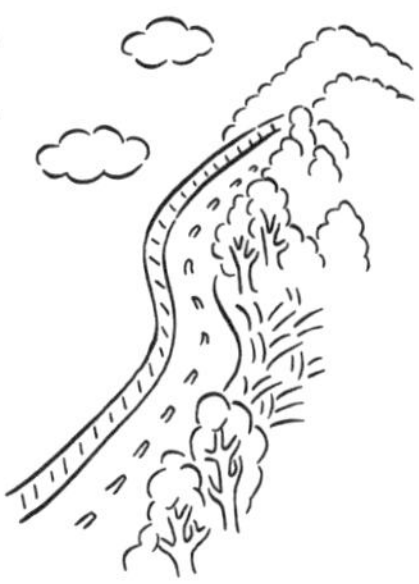

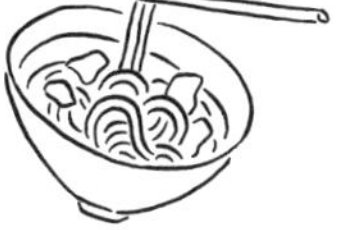

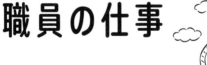

バス営業所で働く運行管理者の1日

10時　業務開始 【→p.12参照】

前日の泊まり勤務と交替。現在の運行状況と、翌日以降の運転士や車両の状況について引き継ぐ。本日の仕事とスケジュールを頭の中で整理。

13時　昼食 【→p.42参照】

運行管理者は2名体制だが、昼間でも仕事はあるため交互に休憩をとる。先輩の休憩中は1人で対応。先輩が休憩から戻り昼食。

14時　午後の業務 【→p.16、36、38参照】

特に異常がなければ比較的落ち着いている。乗客から電話での時刻の問い合わせや、忘れ物対応はこの時間帯が多い。

20時　夕食 【→p.42参照】

夕食休憩も交互にとる。18時ごろまでは日勤者がいるため、営業所の内勤は8名ほどと賑やかだが、この時間になると急に静かに。

21時　夜の業務 【→p.46参照】

21時過ぎに夜ラッシュの運行を終えたバスが続々と帰ってくる。帰ってきた運転士に本日の運行に異常がないか確認する乗務後点呼*をひたすら行う。それと同時に、どのバスがどのくらい遅れたか、翌日どの時間のバスにどの車両が入るかなどのデータ入力に追われる。

翌1時半　就寝 【→p.46参照】

最終のバスが営業所に帰ってくるのは0時過ぎ。すべての運転士が退勤したのを確認し、営業所の門を施錠し、やっと寝られる。シャワーを浴び1時半に就寝するも、4時半には起床。急いで着替えて営業所の門を開ける。

DAY 1
午前9時～翌日の午前4時30分

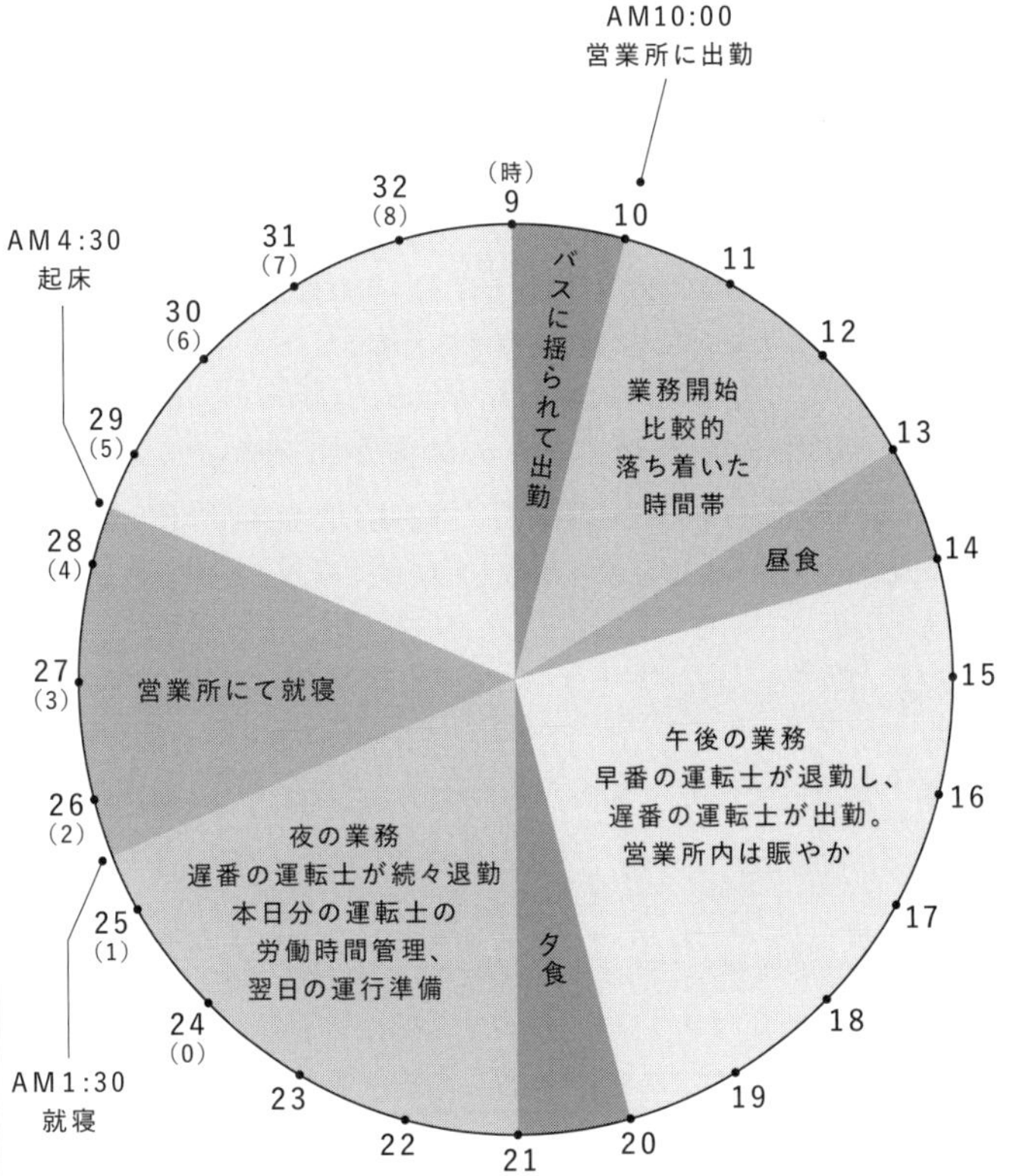
AM10:00
営業所に出勤
(時)
9
10
11
12
13
14
15
16
17
18
19
20
21
22
23
24
(0)
25
(1)
26
(2)
27
(3)
28
(4)
29
(5)
30
(6)
31
(7)
32
(8)
AM4:30
起床
AM1:30
就寝
バスに揺られて出勤
業務開始
比較的
落ち着いた
時間帯
昼食
午後の業務
早番の運転士が退勤し、
遅番の運転士が出勤。
営業所内は賑やか
夕食
夜の業務
遅番の運転士が続々退勤
本日分の運転士の
労働時間管理、
翌日の運行準備
営業所にて就寝

5時　早朝の業務 【→p.46参照】

朝5時台に多くの運転士が出勤してくる。運転士の出勤が集中するので、漏れなく全員出勤しているか注意を払い、運転士の乗務前点呼*を行う。

7時　朝食 【→p.46参照】

朝の出勤ラッシュが終わると、7時台は運転士がほぼ全員乗務で出払うため、営業所内には静かな時間が流れる。この時間に30分の朝食休憩。

7時半　午前の業務 【→p.54参照】

朝食を食べ終え、昨日の運行概況を記した日報を作成。朝9時に日勤組が出勤してくるため、朝礼で日報を読み上げる。その後10時に出勤してくる泊まり勤務の後任のために引き継ぎ事項をまとめる。

10時　業務終了……のはずが 【→p.54参照】

朝10時、交替者が出勤してきたので引き継ぎを行う。これで長い24時間の勤務が終わった。やっと重圧から解放されて家に帰ることができる。

……はずだった。

「よし綿貫、今度ダイヤ改正があるからそのお知らせを全部のバス停に貼りにいくぞ！」

日々の運行管理業務以外は残業でこなすしかないのだ。

18時　ようやく退勤 【→p.54参照】

バス停にお知らせの掲出作業をし続けた結果、仕事が終わったのは18時。そう、朝9時に出勤してきた日勤組と同じ時間に帰る結果になった。昨日の午前10時から続いた拘束時間32時間にも及ぶ泊まり勤務がやっと終わった。

【*】　点呼は「乗務前点呼」「乗務後点呼」「乗務途中点呼」と内容に応じて分類されている。「乗務前点呼」では酒気を帯びていないかや疲労の度合いを確認したり、運行経路の指示を行ったりする。「乗務後点呼」では事故や異常などの報告が必要なもの、酒気帯びの有無などを確認する。

DAY 2
午前4時30分〜午後6時

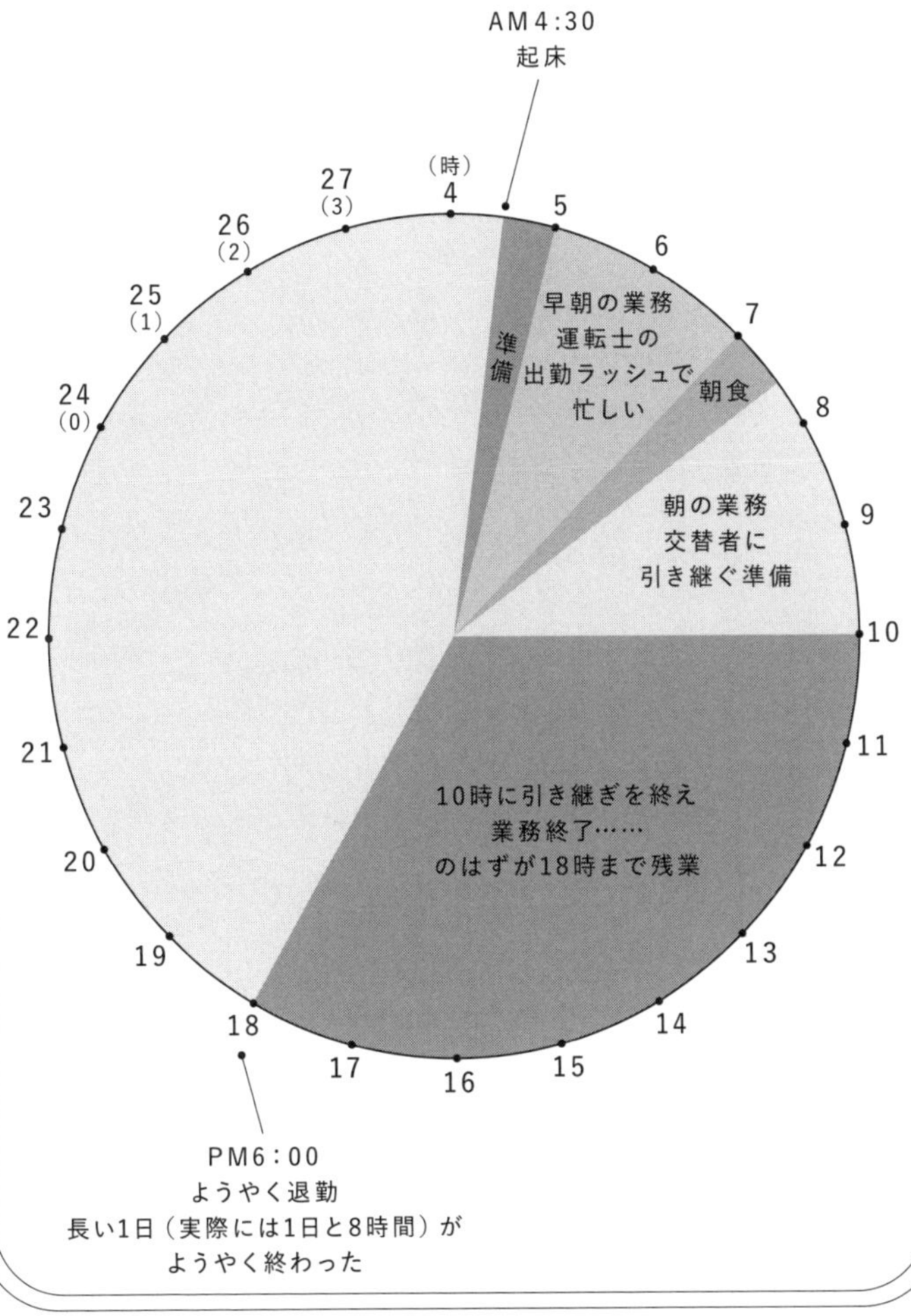
AM4:30
起床
(時)
4
5
6
7
8
9
10
11
12
13
14
15
16
17
18
19
20
21
22
23
24
(0)
25
(1)
26
(2)
27
(3)
準備
早朝の業務
運転士の
出勤ラッシュで
忙しい
朝食
朝の業務
交替者に
引き継ぐ準備
10時に引き継ぎを終え
業務終了……
のはずが18時まで残業
PM6:00
ようやく退勤
長い1日（実際には1日と8時間）が
ようやく終わった

バス営業所職員、出勤はバスで

「おはようございます、お願いします」

私は運転士に挨拶をして、職場の最寄り駅からバスに乗り込んだ。バスは武蔵バスの「中央営業所[*1]」行き。

この中央営業所というのが私の職場だ。バスの営業所という名称から、何か立派な店舗のようなものを想像するかもしれないが、営業所というのは一言で言うと車庫である。車庫としての機能のほかに、定期券売り場や忘れ物の引き渡しなどの機能もあるため、営業所と名乗っている。鉄道の場合は通常、車両基地に乗客が立ち入ることはできない。だが、バスの車庫に関しては定期券売り場や忘れ物対応のほかに、敷地内にバス停が設置されている場合も多く、乗客が営業所の敷地内に普通に立ち入れる。その

【＊1】地名は一部を除き架空のものである。

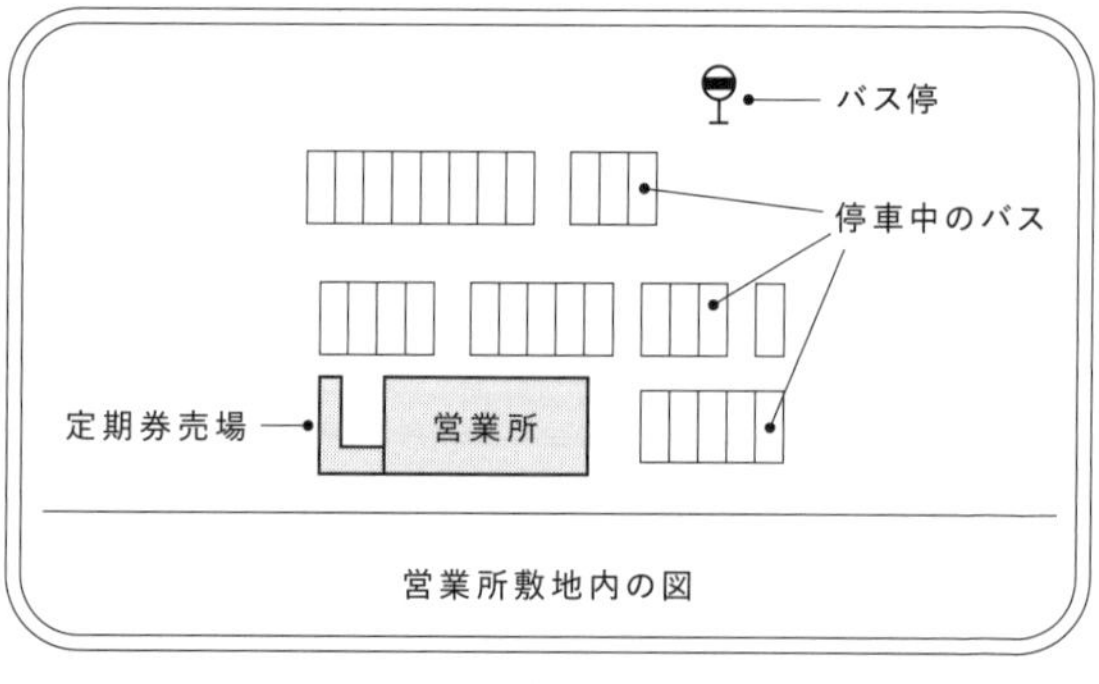

ため、鉄道では山手線の大崎止まりなど、「車庫の最寄り駅」まで行く列車があるが、バスには「車庫そのもの」まで行けてしまう営業所行きがあるのだ。

また、鉄道の車庫で勤務する職員は車庫の最寄り駅まで列車に乗り、そこから10分少々歩いて車庫に出勤という普通の会社員のような通勤スタイルであるのに対して、バスの営業所での勤務であれば営業所行きのバスに乗ってしまえば、その名の通り営業所に直結で、歩くことなく通勤することができる。[*2]

運転士との朝のひととき

しかし、ただ普通にバスに乗って気楽に出勤するわけではない。私はバス会社に勤めていたが、一般的によく知られている運転士ではなく、本社の総合職として採用され、営業所では運行管理者[*3]として働いている。運行管理者とは、一言で言うと運転士の上司にあたる存在である。そのため、運転士と良好な関係を築くことは仕事を進めるうえでもっとも重要と言ってもいい。私の勤める営業所行きのバスは、営業所が町の外れにあるため、

【＊2】職場直結の交通機関で通勤できるというのはバス会社ならではであり、なんとなく優越感がある。

【＊3】運行管理の業務を行うためには国家資格が必要な運行管理者と、資格が不要である運行管理補助者に分かれている。当時は資格取得前であったため、私は正式には当時、「運行管理補助者」だった。ただし、業務の内容は両者でほぼ変わらないため、本書では便宜上「運行管理者」と呼称する。なお、現在は運行管理者の資格を取得している。

終点に近づくとたいてい乗客がゼロになる。

乗客がゼロになると運転士の木島さんが[*4]、その時を待っていたかのように口を開き、

「いやー今朝はあそこで渋滞してでだいぶ遅れちゃったよ」

と、私と今日の出来事についての世間話を交わす。

運転士ではない私にとってはこれから仕事に向かうという場面であるが、営業所行きを運転している運転士にとっては、早朝から数時間仕事をして休憩のために営業所に戻るという場面だ。[*5]運転士の愚痴を聞いたり、時には私から話を振ったり……。

そう、100名以上の運転士が勤務するバス営業所という職場で、一人一人の運転士とゆっくり話す機会はかなり少ない。運転士同士であれば休憩時間や更衣室などで話す場面も多いと思うが、運行管理者と運転士となればそうもいかない。仕事中に運行管理者と運転士という立場で、運行に関する注意事項などの会話は交わすものの、ほかに誰も聞いている人がいないような2人きりの場所で、お互いの立場を深く気にせず話せる場所というのはバスの車内くらいしかない。そこで関係性を築いていくのだ。[*6]

【*4】登場人物もすべて仮名で表記している。

【*5】バスの連続運転は4時間までと決まっており、営業所行きはその4時間のうちのラストに運転することが多い。

【*6】こんな書き方をすると、仕事が円滑に進むようにという理由だけで運転士と仲良くふるまっているように感じるかもしれない。もちろんそういう意図もあるが、運転士と話すこと自体が単純に楽しくて話していた。

鉄道会社や新卒採用を重視している企業の場合は、その会社一筋で勤め上げる人が多いのに対して、バス会社では新卒でずっとバスの運転士、という人はほぼいない。たいていはほかの仕事を経験したうえで、転職してバスの運転士になっている。そのため、前にしていた仕事の話を聞くと、人によって全然違う分野の話を聞くことができて面白い。同じ大型免許が必要ということもあり、前職がトラックドライバーという人も多いが、それだけではなく塾講師、ホテルマン、測量士、駅員、理容師など……少し思い出すだけでも様々なバックグラウンドの運転士が所属していた。

木島さんと話しながら、朝のラッシュを終えて一段落した午前9時過ぎ、バスは営業所に到着。私の勤める会社は本社や営業所の事務担当は一般的な会社と同じく9時出勤だが、運行管理者は10時出勤[*7]である。

運行管理者は一昼夜勤務（24時間ごとに交替）で、出勤したら前任者の仕事を引き継ぐ必要がある。しかし、朝9時に交替としてしまうと、まだまだ朝ラッシュの終盤で仕事が忙しく、落ち着いて交替できない。そのための10時出勤だ。

【＊7】運行管理者や運転士の勤務時間は事業者によって大幅に異なる。本書では、他社の事例も参考にしつつ、主に私が勤めていた営業所の勤務体系をベースに説明する。

コールセンターが欲しい電話対応

出勤して前任者から引き継《つ》ぎを受けたあとは、まず引き継ぎの内容を確認し、今日やるべきことを整理。そうすると、日中は驚くことに特別やるべきことがない。[*1] もちろん、遅れや事故があったら対応するし、そのために運行管理者がいるのだが、本当に何もなければ出番は少ない。[*2] やることといえば、電話対応、忘れ物の対応、定期券の販売くらいである。むしろ日中はこういった乗客からの問い合わせが多く、そのための時間だろう。

15分に1回鳴る電話

大規模なバス会社であれば、コールセンターが設置されており、問い合わせの連絡先として公表されている番号はそちらにつながる。そしてコー

【＊1】 実際には、明日以降の運転士や車両の配置が決まっていない場合があり、それを何とかして工面するという作業に追われる場合が多い。

【＊2】 何度も言うがこれはあくまで本当に平和な日の場合。

ルセンターの担当者で対応不可能なものは営業所に転送される。しかし、私の勤めている会社にはコールセンターはない。バス停やバス車内に掲示されている電話番号にかけると営業所に直接つながる。そのこと自体は会社の規模の都合上、仕方ないかもしれない。

ただ、問題は乗客に公表する用のものと、会社内だけで使うものとの電話番号が分かれていないことだ。

そのため、営業所宛てにかかってきた場合、**本社やほかの営業所からかかってくる電話でも乗客からの電話でも関係なく、すべて運行管理者の手元の電話が鳴る。**さらに、自分が働いていた当時は運行中のバス運転士から営業所への連絡手段についても、専用の無線ではなく、電話回線を使用した機器を用いていた。[*3] そのため、運転士が事故や遅延などの報告を営業所にすることが多々あるが、それも営業所の固定電話に通常の電話と同じようにかかってくる。これらの要件がすべて運行管理者の元にかかってくるので、特に本社が稼働している平日の日中は、15分に1回くらいは電話が鳴っていた。運転士からの業務連絡についてはもちろん運行管理者が電話に出るべきだが、本社からの電話は営業所の所長などほかの担当者に取

【*3】現在は専用の無線が導入されて改善された。

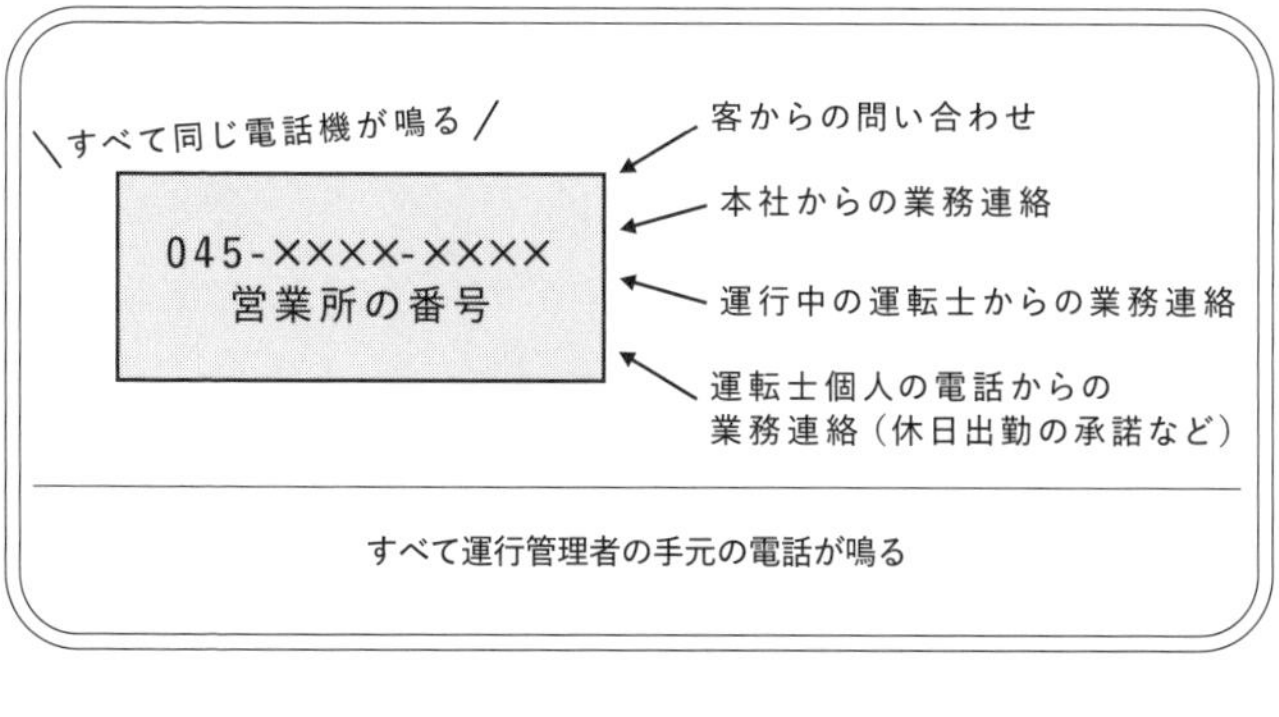

り次ぐことが大半だし、乗客からの問い合わせに関してもその多くは運行管理者ではなく事務担当[*4]でも対応が可能だ。しかし、私の勤める営業所では単純な問い合わせの電話に関しても運行管理者が対応するルールとなっていた。

乗客からの問い合わせの電話自体は30分に1件前後なので、それほど負担というわけではないが、運転士の勤務を考える仕事[*5]をする際は集中力が必要なので、何度も電話で思考を遮られてしまうのはしんどかった。もちろん電話を最初は事務担当に取ってもらうルールにすればこの問題点はすぐ解決できるが、入社したばかりの身[*6]でそんな要求はできなかった。

問い合わせの内容

では、実際の電話での問い合わせの内容はどんなものだろうか。一例を紹介する。

「総合公園へ行きたいのですが、最寄りの停留所はどこですか」

「桜原駅から関東大学へ行くバスの時刻は何時発のものがありますか」

「**ネットで検索してくれ**」と言いたくなってしまうような、パソコンやス

【＊4】事務担当の業務は本社とのやり取りが主。運行管理者よりは余裕がある仕事なので、電話に率先して出てもいい立ち位置。私も入社後の1年間は事務担当を行ったあとに運行管理担当となった。

【＊5】運転士の勤務の組み立ては難解なパズルを解くような仕事のため集中力が必要。p.28「明日の運転士が決まってません！」にて詳しく説明する。

【＊6】当時2年目だが、運行管理担当としては1年目。

マートフォンが使えれば誰でもわかるような内容が大半である。[*7] 携帯電話やパソコンが普及した現在でも、[*8] 営業所に電話で問い合わせるという需要は根強い。ただ、問い合わせたくなる気持ちもわかる。大きい施設であれば最寄駅から乗るバスの案内まで、たいていは公式サイトに丁寧に書いてある。一方で、小規模な店舗や施設だと公式の案内に最寄りのバス停までは書いていないことも多い。バスの時刻表については鉄道ほど乗換案内サイトやアプリが発達しておらず、ある程度使い慣れていないと調べるのは難しい。鉄道のように冊子の時刻表が書店で買えるわけでもない。私自身、初めて訪れる地域のバスの時刻表はまだまだ調べづらいなと思う。

こういった調べればわかる程度の内容を答えるだけなら、少し仕事の手は止まってしまうものの、まだ気が楽だ。しかし電話対応で本当にしんどいのは苦情の対応である。かかってくる電話のうち、少なくても1日1件は苦情の電話であり、対応に苦労するものも多い。おかげで、徐々に電話に出るのが嫌になり、電話恐怖症となっていった。

【＊7】私が勤めていた2015年頃のスマートフォンの普及率は70％程度。

【＊8】2023年のスマートフォンの普及率は96・3％（NTTドコモモバイル社会研究所）。

ヘビーな長時間クレーム対応

電話を取るのが恐怖になるほど、バス営業所にかかってくる苦情の電話は多い。

鉄道やバスでの苦情といえば、実際に利用している乗客から寄せられるものというイメージがあるだろう。その通りではあるが、バスではそれ以外の人から苦情が来ることも意外と多かった。特に多いのはクラクションについてである。

バス停付近で路上駐車している車にバスの存在に気づいてもらうためにやむをえずクラクションを鳴らすことがあるが、そうすると路上駐車している車のドライバーから「クラクションを鳴らされた、煽《あお》られた」と苦情が入ってしまう。こちらに非がある内容ではないが、苦情が入った以上は対応しなくてはならない。効率良く業務を行うためには苦情が入らないのが一番だから、結果として、同様の状況ではクラクションは使わずにやり過ごすのがベストになってしまう。

乗用車のドライバーからの苦情

クラクション以外にも苦情は来る。

「おい、さっき浦沢駅近くでお前のところのバスに幅寄せされたんだけど！　しかも信号待ちで横に並んで俺のほうを睨んできやがった。ケンカ売ってんのか！」

電話の主は、一般の乗用車のドライバーで、運転士の動向が気に食わなかったようだ。乗用車のドライバーということは、バスの乗客ではない。鉄道会社で駅員をやっていると、苦情を言ってくるのは100%客であり、客ではない人から苦情を言われることはなかった。[*1] しかし、バスの営業所では乗客以外からの苦情も受けることがある。それに、**苦情に対応して理解を得たとしても、バスを利用してくれるわけではなく、何の増収に繋がらない。**考えるほどに気分が重くなってくる。

【*1】とはいえ駅員が言われないだけで、コールセンターでは客以外からの苦情を受けているだろう。

「申し訳ございません。後ほどドライブレコーダーの映像を確認して運転士に指導します」

どうしてもその場で事実関係を確認してリアルタイムに対応することはできないので、このような回答になってしまう。このため、対応が長期化することが多い。ただ、折り返しの連絡は不要と、そこで対応終了となることもたまにある。今回もそうなるといいなと思っていると、

「指導しますじゃねえんだよ！　だいたいお前らは指導しますとか言って実際は何もしてないだろ！　お前らの会社の運転士はいつも運転が荒いんだよ！　今すぐ運転士を呼んできて直接謝罪させろ！」

この調子である。言いたいことはわかる。わかるが、この場ではどうにもできない。

「申し訳ございません。あの……、私が責任をもって運転士に指導します」

このあとにどのように対応しようかと考えることしか頭になく、自信なさげに答えてしまったが、

「それじゃあダメだって言ってるんだよ。お前新人か？　そんなんで運転

士に指導とかできるの？」

弱気な返答が見透かされたようで、どんどんヒートアップしていく。

延々と苦情が終わらない

駅員が駅の改札で苦情を受ける場合、乗客は目的地へ移動している最中であり、時間の制約がある。言いたいことを言い終われば去っていくことが大半だ。しかし、このように電話で苦情を受ける場合、**苦情主は自宅で時間がたっぷりある状態で電話をかけてくる。**いくら話を聞いても終わらないこともたびたびある。今回もこの調子で30分以上暴言を浴び続けた。

当たり前だが、苦情の対応をしている間でも、運行管理者の本来の仕事もある。翌日以降の勤務や車両の運用を考えていたとしても完全にストップせざるを得ない。[*2] 結局、今回の苦情についてはひとまず運転士を私が指導し、その内容について折り返し連絡するということになった。折り返し連絡するには苦情主の氏名や電話番号を聞く必要があるが、大半は普通に教えてくれる。これだけ激しく苦情を言った相手に氏名や連絡先を伝えるなんて、復讐されそうで自分なら絶対にやろうと思わないが、彼らにはそ

【＊2】p．28「明日の運転士が決まってません！」にある通り、非常に頭を使う作業であるので、苦情で中断させられるとかなりのダメージだ。

ういった考えはないらしい。今回も、再度彼と電話する必要があることが確定してしまい、今から気分が重い。

苦情を言われた側である運転士の守屋さんが営業所に戻ってきた。苦情があったことを説明し、話を聞く。

「いや、俺は普通に運転してただけで、まったく身に覚えがない」

とのことだ。しかし、「身に覚えがないとのことです」と折り返し連絡するわけにはいかない。ドライブレコーダーを確認する。

「あっ、ここですね」

苦情主が現場の位置を詳しく伝えてきたため、その場所についてはすぐに特定できた。この浦沢駅付近の道路は、片側2車線だが一時的に左側の車線が狭くなるポイントがある。ここを通過する際は少し右に寄る必要があるが、その際に右の車線を走っていた車が苦情主だろう。その後、信号待ちで並んだ際に睨まれたというのも、確かに守屋さんは右を見ているが、1秒にも満たない時間である。睨んだわけではなく、信号待ちで対向車線など周囲の動向に目をやったように見える。

「ここは道が狭いので、状況によっては右側の車線を走る車と並ばないよ

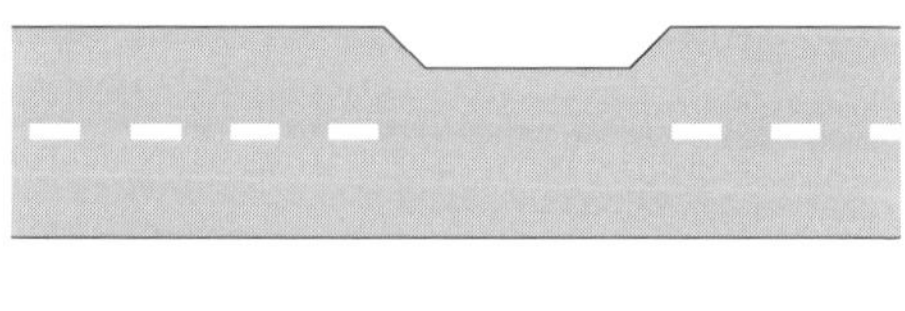

一時的に道が狭くなり、車線境界線が消える。
2台並んでの走行は可能だが、少々狭い

うに走行してください。また、睨んでいないのは私もわかりますが、ほかの車に誤解を受けるような動きは控えてください」

と守屋さんには伝えた。守屋さんもあまり納得がいっていない様子ではあったが、わかりましたと聞いてくれた。

次に、苦情主に電話をかける。

「もしもし、先日のご意見の件ですが、運転士に指導いたしました。運転士も反省しており、このようなことは二度と発生しないようにすると言っています」

「そうですか、綿貫さんって言ったっけ？　あなたが対応してくれた誠意は確かに伝わってきたけど、**俺はあの運転士が許せない。運転士から直接謝罪の言葉を聞かない限り納得いかない**」

これは困った。

「お気持ちはよくわかりますが、私は運行管理者として、運転士を指揮監督する立場ですので、私が責任をもって指導させていただきました[*3]」

運転士に対する苦情でも、その対応をするのは運行管理者の仕事であるのは本当だ。

【＊3】よくテレビで企業の不祥事に関する会見の様子が報道されるが、そこで謝罪しているのもミスや不祥事を発生させた本人ではなく、上司の側だ。それと同じである。

「営業所に運転士がいるんだろ？　いま運転中だったら営業所に戻ってからでいいから本人に電話代われよ」

どうするべきか……と考えていると、その様子を近くで見ていた守屋さんが電話を代われと合図をしてくる。本当は良くないことだが、代わってもらうのが一番スムーズにいくだろう。それでダメだったらまた私が対応すればいい話だ。

「お電話代わりました運転士の守屋です。このたびは申し訳ありませんでした」

と答えると、

「あ、あのときの運転士さん？　そう、わかったんならいいんだけど。気をつけろよ」

と言い、唐突に電話を切られた。この苦情の対応はこれで終わったが、どっと疲れが出た。

このようなクレームが年に1回くらいであればまだ割り切れるが、小さい苦情は毎日のようにあるし、数十分にわたる対応が必要な苦情も月に数件は発生していた。ほかの車や歩行者がいる道路を走る上に、遅れは日常茶飯事。苦情が発生する確率は鉄道より圧倒的に高い。私が駅員を務めていた駅では小さな苦情すら1回も言われない日のほうが多かったが、それとは大違いだ。バスの営業所という職場が苦情対応の面でも、かなりハードだということを思い知った。

明日の運転士が決まってません！

「お疲れ様です、引き継ぎをお願いします」

前任者の結城さんに声をかける。

「おはよう。明日の45番を運転する人がまだ決まってなくて……よろしく頼むよ」

運転士の勤務時間はバスのダイヤにより様々で、勤務のパターンは中央営業所では100通りほどあった。1番は朝5時00分出勤、昼の13時17分退勤、2番は5時03分出勤、昼の13時11分退勤といったようにバラバラで、100通りあるなら毎日1〜100の勤務に誰かしら運転士が割り振られている。[*1] そして本来は運転する人が決まっていないという事態は発生しない。しかし、運転士不足が常態化しているため、運行管理者が運転士に時

【＊1】もともと勤務の数が100と決まっているなら、1年で100×365＝3万6500の仕事があり、運転士は1名あたり1年で365−124（土日＋年次有給休暇）＝241の仕事ができるため、3万6500÷241＝151・4となり、152名の運転士がいれば欠員は発生しない。本来はこの人数の運転士を雇うべきだが、実際に所属している運転士はこれより少ない。

間外労働や休日出勤を依頼して、何とかして勤務を組み、毎日100名の運転士を揃える必要がある。その100名が明日はまだ99名しか集まっていないので、何とかしてあと1名集めてくれ、というのが結城さんの引き継ぎだ。

運転士の割り振りは「組めないパズル」

引き継ぎを受け、仕事を始める。日中の時間帯はバスの遅れやトラブルなどは少なく、落ち着いた時間帯だ。平和な空気が流れている。ただし、私の机だけは違う。明日乗務する運転士が決まっていないためだ。世の中には放置しておけば自然と時間が解決する悩みも多くある。しかしこれは放っておいても何も変わらない。**明日の該当のバスが運休になってしまい悲惨なことになるだけ**だ。とにかく明日の運転士をどうにかして見つける方法を考える。バス運転士の労働時間のルール（退勤から出勤は8時間以上あけるなど）が多くあるため、単純に「俺がやるよ！」という人に頼めばいいわけでもなく、法定時間に引っかからないように運転士を決める必要がある。ひとつの勤務を埋めるために、ほかの運転士の勤務を何人もずらし、何とか労働時間のルールに沿わせるということもたびたびある。まるで**終わりのない複雑なパズルを解いているよう**だ。しかも理論上パズルが組めても、肝心の運転士のＯＫがないとピースははまらない。パズルよりも難解である。

ちなみに運転士の勤務枠を埋めるという仕事は本来の運行管理者の仕事ではない。明日乗務する運転士が決まっていないという状況は急な体調不良者が出るなどの場合に発生するものであり、日常的には発生しないはずである。しっかり１５２名の運転士がいれば毎日のようにパズルを解く必要はなく、もう少し余裕をもって仕事ができるのだが、実際には１４２名しかいない。運転士不足によって運転士の1名あたりの仕事が増えるのはもちろんだが、それを支える運行管理者の仕事も増えているのである。

夜になってもまだ見つからない

勤務パズルを解きつつ、日々入力する書類の作成も行うと、夜になった。20時からの私の夕食休憩も終わり、21時。夜の帰宅ラッシュは19時前後がピークであるため、21時となれば営業所の仕事も落ち着いてくる頃かと

1～10番の勤務を14名の運転士で担当
（10種類の勤務を週休2日で回すためには
14人で足りるが、有給休暇を取れない）

	4/1	4/2	4/3	4/4	4/5	4/6	4/7	4/8	4/9	4/10	4/11	4/12	4/13	4/14
新井	1	2	3	4	5	休	休	6	7	8	9	10	休	休
伊東	休	1	2	3	4	5	休	休	6	7	8	9	10	休
内田	休	休	1	2	3	4	5	休	休	6	7	8	9	10
遠藤	10	休	休	1	2	3	4	5	休	休	6	7	8	9
大西	9	10	休	休	1	2	3	4	5	休	休	6	7	8
蟹江	8	9	10	休	休	1	2	3	4	5	休	休	6	7
木島	7	8	9	10	休	休	1	2	3	4	5	休	休	6
倉沢	6	7	8	9	10	休	休	1	2	3	4	5	休	休
剣持	休	6	7	8	9	10	休	休	1	2	3	4	5	休
小森	休	休	6	7	8	9	10	休	休	1	2	3	4	5
佐川	5	休	休	6	7	8	9	10	休	休	1	2	3	4
塩野	4	5	休	休	6	7	8	9	10	休	休	1	2	3
須坂	3	4	5	休	休	6	7	8	9	10	休	休	1	2
瀬口	2	3	4	5	休	休	6	7	8	9	10	休	休	1

	4/1	4/2	4/3	4/4	4/5	4/6	4/7	4/8	4/9	4/10	4/11	4/12	4/13	4/14
新井	**有給**	2	3	4	5	休	休	6	7	8	9	10	休	休
伊東	休	**有給**	2	3	4	5	休	休	6	7	8	9	10	休
内田	休	休	**有給**	2	3	4	5	休	休	6	7	8	9	10
遠藤	10	休	休	**有給**	2	3	4	5	休	休	6	7	8	9
大西	9	10	休	休	**有給**	2	3	4	5	休	休	6	7	8
蟹江	8	9	10	休	休	1	2	3	4	5	休	休	6	7
木島	7	8	9	10	休	休	1	2	3	4	5	休	休	6
倉沢	6	7	8	9	10	休	休	**有給**	2	3	4	5	休	休
剣持	休	6	7	8	9	10	休	休	**有給**	2	3	4	5	休
小森	休	休	6	7	8	9	10	休	休	**有給**	2	3	4	5
佐川	5	休	休	6	7	8	9	10	休	休	**有給**	2	3	4
塩野	4	5	休	休	6	7	8	9	10	休	休	**有給**	2	3
須坂	3	4	5	休	休	6	7	8	9	10	休	休	1	2
瀬口	2	3	4	5	休	休	6	7	8	9	10	休	休	1
園部	1	1	1	1	1	休	休	1	1	1	1	1	休	休

1～10番の勤務を15名の運転士で担当するパターン。15人目の園部さんは他の人の有給の代わりを担当する役割で、月ごとにこの役割はローテーションする

	4/1	4/2	4/3	4/4	4/5	4/6	4/7	4/8	4/9	4/10	4/11	4/12	4/13	4/14
新井	1	2	3	4	5	休	休	6	7	8	9	10	休1	休
伊東	休	1	2	3	4	5	休	休	6	7	8	9	10	休1
内田	休2	休	1	2	3	4	5	休	休	6	7	8	9	10
江口	10	休3	休	1	2	3	4	5	休	休	6	7	8	9
大西	9	10	休4	休	**有給**	2	3	4	5	休	休	6	7	8
加藤	8	9	10	休5	休	**有給**	2	3	4	5	休	休	6	7
木島	7	8	9	10	休1	休	1	2	3	4	5	休	休	6
倉沢	6	7	8	9	10	休1	休	1	2	3	4	5	休	休
剣持	休	6	7	8	9	10	休6	休	1	2	3	4	5	休
小森	休	休	6	7	8	9	10	休7	休	1	2	3	4	5
佐川	5	休	休	6	7	8	9	10	休8	休	1	2	3	4
塩野	4	5	休	休	6	7	8	9	10	休9	休	1	2	3
須坂	3	4	5	休	休	6	7	8	9	10	休10	休	**有給**	2
欠員	(2)	(3)	(4)	(5)	休	休	(6)	(7)	(8)	(9)	(10)	休	休	(1)

1～10番の勤務を13名の運転士で担当。14人目の瀬口さんがいなくなり、このままでは瀬口さん勤務のバスが運休に。そこで休日出勤を募り、2週間につき10名の運転士が1日ずつ休日出勤を行うことで運転士を確保。

5・6・13日に1番の勤務を担当する予定の運転士は有給を取得し、他の運転士が休日出勤することで有給を消化していく

思うかもしれないが、逆である。21時過ぎに夜ラッシュの運行を終えたバスが続々と帰ってくる。私はというと、**いまだ明日の運転士がまだ決まっていない**。こんな夜遅くになったらもうどうにもこうにも手が出ないのでは？　と思うかもしれないが、この時間が最後のチャンスである。具体的にどうやって運転士を探すのか。もちろん休みや退勤後で営業所にいない運転士に電話をかけて依頼するのもひとつだが、職場を離れたら拘束時間ではないので、なるべく電話はかけたくない。休みを満喫しているのに職場から電話がかかってきたらいい気分はしないだろう。快く電話に出てくれる運転士が大半だが、職場を出ると電話をかけても出ない運転士もいる。そのため、営業所にいる運転士に直接声をかけて依頼するのがもっとも確実だ。

もちろん今までに何もしていないわけではなく、労働時間の制約を避けるために複数の運転士に明日の勤務時間をずれてもらう依頼をした。これで最後に、21時30分に乗務を終えて帰ってくる運転士の猪俣さんに明日の休日出勤を頼めば無事にパズルが完成だ。猪俣さんには事前に明日、休日出勤を依頼する可能性があると話し、了承してもらっている。帰ってきた猪俣さんに声をかける。

「お疲れ様です。猪俣さん、明日45番の休日出勤をお願いしたいのですが……」

「えっ、明日？　もう決まったかと思ってた。明日はどうしても外せない用事ができちゃって。ごめん！」

まさかの事態である。パズルが崩れてしまった。どうしよう。このままいけば明日は運休が出てしまう。一緒に泊まり勤務をしている石塚さんに助けを求めると。

「あの、明日の45番が決まらないままで、どうすればいいでしょうか」

「どうするって、もう一度ひたすら聞いて回るしかないだろ」

「ですよね……」

自分のせいで明日のバスが運休になってしまうというプレッシャー。運休になったところでクビになることはないし、そもそも運転士が足りないのは私の責任ではないのだが、それでもかなりの重圧を感じる。どうすれば……と頭を抱えていると、「綿貫くん」と私を呼ぶ声が聞こえる。

「明日の45番が決まってないんだよね。そしたら俺がやるよ」

今朝通勤するときに話をした木島さんだ。しかし、木島さんは明日の休日出勤はできないと言っていたはずだ。

「でも明日って予定があるんじゃないですか？　本当に大丈夫ですか？」

「そりゃあ大丈夫ではないけど……まあ大した予定じゃないし、最終的には誰かがやらなくちゃいけない仕事だから……」

「ありがとうございます、本当に助かります……！」

夜22時前にして、何とか明日の勤務が埋まり、運休せずに走れることがようやく確定した。

バスの忘れ物はどこへ行く？

バス車内で忘れ物をした場合、忘れ物はどのような経路をたどるのか。運転士が連続運転できる時間は4時間。[*1] つまり、約4時間ごとに運転士の休憩のため、バスは営業所に戻ってくる。その際に忘れ物があれば運行管理者のもとへ届けられ、そこで初めて忘れ物として計上される。

私の仕事としては、運転士から預かった忘れ物を台帳に記入。電話で問い合わせがあれば台帳を確認、該当するものがあれば営業所の場所を案内し、乗客に引き渡す流れである。だいたい1日10件の忘れ物が拾得《しゅうとく》され、実際に乗客から問い合わせがあって引き渡されるのは3割前後。[*2]

営業所で数日間保管しても持ち主が現れなかった場合は、忘れ物を警察に引き渡す。さらに警察に引き渡してから3ヶ月経っても持ち主が現れな

【＊1】 この時間は法令で決められている。

【＊2】 財布や携帯などの貴重品は確実に問い合わせがあるが、傘やハンカチなどに関しては諦める人が多いのだろう。1～2割ほどしか引き渡されない。

【＊3】 日用品に関しては売却していいと法律で定められている。

【＊4】 桜原駅から浦沢駅までを結ぶ路線を例に挙げる。左図の序盤の運行で忘れ物をするとなかなか営業所までバスは帰ってこない。

い場合は再びバス会社に所有権が移り、売却される。[*3]

一番心苦しいのは、乗客がバスを降りた直後に忘れ物に気づくパターン。そのタイミングで営業所に電話で問い合わせたとしても、4時間近く[*4]バスは営業所に戻ってこないため、確認ができない。運転士に連絡して車内を確認してもらうことはできるが、それでも忘れ物が営業所に戻ってくるのは最大4時間後だ。乗客がどうしてもすぐに忘れ物を取り戻す必要があるならば、バスの運行予定を案内し、そのバスに乗車してもらう案内もできる。だが、基本的にはバスが車庫に戻ってから再度連絡してもらう形になる。

ちなみに忘れ物の管理に関して、鉄道会社であれば専用のシステムが稼働しており、PCでデータの登録・検索が可能であるが、私の勤める会社では**台帳に手書きで管理する方式**であった。[*5] そのため、鉄道ならほかの駅の忘れ物をオンライン検索できるが、バスはその営業所に直接問い合わせる必要がある。とはいっても、乗降したバス停がわかれば運行する営業所もわかる。複数の営業所で共同運行している路線もあるため多少問い合わせの手間が増える場合もあるが、何十ヶ所も総当たりで電話して……なんてことにはならないので、アナログな台帳管理でもどうにかなっているのだろう。

営業所	桜原駅	浦沢駅
10:00発	10:15発	10:45着
	11:20着	10:50発
	11:25	11:55
	12:30	12:00
	12:35	13:05
13:55着	13:40発	13:10発

バスの運行ダイヤは4時間単位で組まれていることが多い

【*5】バス会社のような小規模な交通機関だとそこまでコストをかけて導入するほどではないということだろう。

定期券は営業所の裏メニュー

バスの定期券は、基本的には駅前などの多くの乗客が利用するバス停付近に定期券発売所を設置し、定期券を購入する乗客の大半はそちらで購入する。ただ、意外と知られていないが、バス営業所でも定期券を取り扱っている。とはいえ、営業所で定期券を購入する人は営業所の近くに住んでいる、または通勤通学している人くらいだ。私の営業所では、4月の新年度であっても1日10人ほどしか買いに来なかった。定期券更新で混み合う月末や月初以外の時期の利用は1日1人前後である。[*1] ただ、営業所の定期券売り場は立地によって利用者にばらつきがあり、近くに学校や大規模な企業がある場合は駅前の売り場と同じように混雑する。そのような営業所ではしっかりと「定期券売り場」のカウンターがあるが、私の営業所では

【＊1】 営業所に定期券を買いに来る客が少なすぎるため、毎月、決まった日に1ヶ月定期を購入する客はもはや顔と名前を覚えていた。

【＊2】 定期券を利用しない場合でも、同じ区間を複数回利用することに対する特典のリピートポイントサービスがあるが、そちらはここでは考慮しない。

【＊3】 東京23区周辺のバスは均一運賃が主流で、私の勤めるバス会社もこの運賃体系を採用している。乗車1回の運賃は210円。

特にそういったスペースもなく、営業所にやって来た乗客から定期券を買いたいとの申告があると金庫の奥から定期券一式を出してきて販売、という裏メニューのような存在であった。

バス定期券の驚異の割引率

バスの定期券で驚いたのはその割引率だ。例えばＪＲ線で東京駅〜神田駅の1ヶ月定期券の代金は４２８０円で、これはこの区間の往復運賃である２９２円の14・6倍。つまり1ヶ月に15往復以上するなら定期券の方が安い。*2 これに対し、都営バスの23区内均一運賃区間の定期券は1ヶ月９４５０円。*3 往復は４２０円なので往復運賃の22・5倍。なんと、平日に1日2回の乗車頻度だと、大半の月は**定期券を買ったほうが割高になる。**

なぜこんなにバスの定期は高いのか。それは、均一運賃のため、バスの定期券は自動的にその会社のフリーパスとなる。通勤ルートでバスに片道あたり1回しか乗らないのであればお得感は少ないが、片道2回乗り継ぐのであれば往復８４０円かかり、12往復で元がとれるようになる。こういった、利用頻度が高い人向けに定期券があるといえる。そのため、普段

	ＪＲ東京駅〜神田駅	都営バス
片道運賃	146円	210円
往復運賃	292円	420円
1ヶ月定期	4280円	9450円
損益分岐点	15往復	23往復

都営バスでは平日に1日2回の乗車頻度の場合、定期券のほうが高い

通勤でバスを利用する人でも定期券は使っていないという人も多い。

　さらに、定期券に関して値段が高いものがもうひとつある。それが払戻手数料だ。ＪＲ線の鉄道の定期券の払い戻し手数料は２２０円だが、都営バスの定期券の場合は５００円もかかる。「高！」と最初は驚いたが、理由は単純である。前述の通り、定期券は実質フリーパスだが、**定期券を１日で払い戻しをすることによって**（１日乗車券が発売されていない会社であっても）**１日乗車券のようなものを作れてしまう。**バス定期の払い戻し額の計算式は、「発売額－（経過日数×往復運賃＋手数料）」なので、１日で払い戻す場合は往復の４２０円＋手数料５００円の９２０円で１日乗車券が作れることになる。これが鉄道と同じ２２０円の手数料だと、４２０円＋２２０円＝６４０円で１日乗車券が作れてしまう。この値段だと気軽にフリーパスとして使えてしまうだろうから、手数料が高いのも納得だ。[*4]

　もうひとつ手数料が高い理由がある。

「明日からの１ヶ月定期を購入したいんですけど」

「はい、そうしましたら９４５０円です」

　定期券を売った５分後。先ほどの客が営業所に戻ってきた。何か誤りで

	発売額 －	日数×往復運賃	－ 手数料	＝ 払い戻し額
0日使用	9450円 －	0	－ 500円	＝ 8950円
1日使用	9450円 －	(1日×420円) 420円	－ 500円	＝ 8530円
2日使用	9450円 －	(2日×420円) 840円	－ 500円	＝ 8110円

定期券の払い戻し額の計算式 発売額－(日数×往復運賃)－手数料＝払い戻し額

もあったのだろうか。

「この定期の払い戻しをお願いします」

「払い戻しですか？？　はい、使用開始前なので手数料の500円を引いて、8950円のお戻しです」

客が満足そうな表情で立ち去った後、先輩に聞いてみる。

「今の人、何がしたかったんですか？」

「わからないのか？　定期券のコピーだけ取って会社に交通費の申請をするんだよ」

そう、バスは定期券を購入して、使わずにすぐ払い戻す人が多い。[*5]なぜそんなことをするかというと、会社から定期代が支給されるものの、そもそもバスの定期は高いので定期券を使わないほうが安い場合や、実際は自転車や徒歩で通勤しているのだろう。[*6]それが客の所属する会社の交通費支給の規定に沿っているかこちらは関与できないので、言われた通りに定期券を発売し、そして払い戻す。仮に払戻手数料が220円であれば無意味な発売・払い戻しの作業に対して安いように感じるが、500円なら多少は営業所の収入の足しにもなるだろう。

【＊4】　バスの一般的な運賃体系である均一運賃ではない区間（区間制）も定期券の割引率は同程度。ただ、「定期券をフリーパスにする」ことは区間制のエリアではできない。しかし、近年のICカード導入に伴い、「金額式IC定期券」というものの導入が各社進み、「その金額の区間内であれば区間は問わず乗降可能」のフリーパスに近いものが導入された。従来の紙の定期では、定期券をフリーパス状態にしたくてもできなかったが、近年のICカード化により可能になった。

【＊5】　4月1日から有効の定期を4月1日に払い戻すと、買った直後でも1日分利用したとみなされ、8530円の払い戻しになる。8950円の払い戻しを受けるには、翌日以降に利用開始日となる定期券を購入し、利用開始日の前日までに払い戻すことが必要。

【＊6】　鉄道と違い、一般的にバスに乗車する距離はそこまで長くないので、自転車でも十分代用可能だ。

運転士に囲まれるアウェーな昼食

営業所で丸1日を過ごす運行管理者だが、1日を過ごすうえで欠かせないものは食事である。運行管理者の食事事情はどうなっているのか。

朝10時に出勤し、まだ仕事を開始したばかりの時刻だが、12時から昼休みとなる。12時～13時は日中に勤務している事務職員も昼休みなので、一般的なオフィスのように一斉に休憩をとる。営業所の近くには飲食店が多数あるうえ、営業所内には社員食堂も完備だ。運転士は外食を楽しんだり、手ごろな価格の社員食堂を活用したりと自由に食事を楽しむことができる。

しかし運行管理者は外食不可。[*1] それならば、社員食堂はどんなメニューがあるか気になる存在だ。

しかし、営業所に配属されて間もない日、先輩に、

【＊1】何かトラブルが発生した際に初期対応が遅れるためだ。詳しくはp．92「事故発生！ そのとき運行管理者は」などを参照。

「今日は社員食堂で食べます」

と声をかけると、

「食堂？　やめたほうがいいよ」

冴えない返事だった。社員食堂の利用は禁止されていないものの、運行管理者をはじめとした事務担当はなぜか誰も社員食堂を利用していなかった。不思議だなと思いながら足を運ぶ。本日のおすすめ、カルビ丼500円とのこと。[*2]これはおいしそうだ、みんなも使えばいいのに、と思いながら食べ始めると、声をかけられる。

「君は新人？　いつから配属になったの？」

ベテランの運転士だ。あたりを見渡すと運転士同士が楽しそうに談笑しながら食事をしている。そう、この社員食堂は、実質**運転士の休憩スペース**であることに気がついた。

「はい、本社から異動してきて、昨日からここに配属になりました綿貫です。よろしくお願いします」

と運転士に恐る恐る返事をする。

「ああ、本社採用の綿貫君か。俺らとは立場が違って大変だと思うけど、

【＊2】 カルビ丼のほかにも、カツ丼やカレーといった定番のメニューが安く食べられるようだった。

運転士とも仲良くやってくれよ。よろしくな」

と、ベテランの運転士は去っていった。

彼の言う通り、運転士と運行管理者では立場が違い、私のほうが新人で何も知らない若造であっても、運転士に指示を出す立場になる。運転士から運行管理者に対しての不満や愚痴は、数えきれないくらいあるだろう。それを運転士同士で気兼ねなく発散できる場のひとつが社員食堂になっていたのだ。これは確かに社員食堂で食べるわけにもいかない。

結果どうなるかというと、コンビニ弁当だ。泊まり勤務のため、昼食用と夕食用の弁当を買ってから出勤するのがお決まりのパターンとなっている。[*3] そしていざ12時、昼食を食べられるかというと……まだ食べられない。2名体制の運行管理者が同時に食事で抜けてしまうわけにはいかないので、先に先輩が12時から昼食だ。他の事務職員も同じ時間帯に休憩なので、談笑しながら楽しそうに昼休みを楽しんでいる。そんな中で私は黙々と仕事を続ける。しかも、先輩は食事中なので何かわからないことがあっても気軽に聞くわけにもいかない。何もトラブルが起きないでくれ……と願う時間帯のひとつだ。

【*3】 私はコンビニ弁当派だったが、もちろん家で弁当を作って持参している人もいる。

無事に13時になり、私に昼休みの順番が巡ってくる。12時台と違い、他の職員は13時から再び仕事モードなので孤独な休憩だ。１人でコンビニ弁当を食べ進める。とはいえ、人と話すのが苦手なこともあり、休憩時間くらいは静かに落ち着いて過ごしたいなと思っていたので、これはこれでありがたい。まだ仕事が始まって3時間が過ぎたところで、**退勤まで20時間以上**。先が長い。

その後、午後の業務を終えると19時から交替で夕食の時間だ。日勤組は18時で退勤しているので、夕食は必ず１人で食べることになる。先輩が先に19時から食べ、私は20時から再びコンビニ弁当を食べる。長時間冷蔵庫に入れていてもおいしさが変わらない最近のコンビニ弁当には本当に感謝だ。

深夜のバス営業所

18時、終業を知らせるチャイムが鳴る。といっても、泊まり勤務の運行管理者はもちろん帰れない。この時間に帰れるのは9時出勤である営業所の所長や事務担当、そして整備士だ。[*1] 日中の時間帯の事務所には10名ほどいて比較的賑《にぎ》やかだが、18時を境に急に静かになる。

もちろん運転士は早朝から深夜まで関係なく勤務している。特に日中の時間帯は少し早めに出勤してきた人や、乗務の合間の休憩時間で談笑している人など、営業所内に運転士の姿が多い。しかし夜の時間になると、帰宅ラッシュ時間帯の乗務で運転士は出払ってしまい、乗務終了後もすぐに退勤するので営業所内に運転士はほとんどいない。

広い営業所の建物の一角に泊まり勤務の運行管理者2人が静かに座って

【*1】バスに故障が発生した際に修理する整備士も帰ってしまうのは少々意外だが、整備士の仕事は数ヶ月おきに行うバスの定期的な点検がメインで、突発的な修理の対応は少ない。そのため、10人ほど所属している整備士のうち、大半は9時〜18時の勤務で、交替で1名だけは朝6時〜夜21時まで常駐している。ただ、深夜早朝の夜21時以降や朝6時前には整備士は不在となる。

いるという環境である。ただ、静かだからといって暇なわけではない。夜になると順次運転士が仕事を終えて退勤していく。運転士が営業所に帰ってくると、今日の遅れについて報告を受ける。バスが遅れて営業所に戻ってくるのが予定より1分遅れたら、1分ぶんの残業代もしっかり支給される。それは当然のことだが、半数以上のバスが1分以上遅れて戻ってくるので残業時間の入力がなかなか慌ただしい。[*2]

バスで埋め尽くされる車庫

翌日のどの時間のバスにどの車両が入るかという車両の運用が最終的に決まるのもこの夜の時間帯だ。20時頃には最終バスを担当する運転士が営業所を出庫する。そうすると、そこから最終バスが帰ってくるまでの間、営業所には次々と運行を終えたバスが帰ってくる。そのバスを、明日の車両の割り振りに合わせて、構内整理の担当者が移動させていく。なぜこのような手順を踏まなければならないのか。一般的な駐車場であれば、満車であろうと、駐車場の奥に停めていても出庫することができる。しかし、私の勤めるバスの営業所は敷地が狭く、すべての車両が入庫すると敷

【＊2】バスは鉄道と違って数分の遅れは日常茶飯事だ。

地いっぱいがバスで埋め尽くされてしまう。従って、奥のスペースに停めてあるバスは、翌朝、手前に停まっているバスが出庫していかないと出ることができない。そのため、翌朝早く出るバスは営業所の出入り口付近に、遅めの時間まで使わないバスは営業所の奥のほうへと配置していく。この作業が始まってしまうと翌日の車両の変更は難しいため、それまでに間違いなく車両を確定させておくことが必要だ。

その後、確定した明日のバスの車両に関する情報をバスロケーションシステム[3]の管理用端末に打ち込んでいく。作業を怠ってもバス自体は走行できるが、位置情報の案内が正常に動作しない。こういった、夜にならないと行うことができない作業、および翌日の運行準備で忙しい時間が続く。

マニュアル免許必須

夜の業務はまだ終わらない。運転士の多くはマイカー通勤をしており、営業所内に従業員用の駐車スペースがある。敷地が狭いので、駐車スペースの一部は立体駐車場となっている。しかしこの立体駐車場は動作音が大きく、近隣住民からの苦情もあり、22時以降は使わないことになっている。

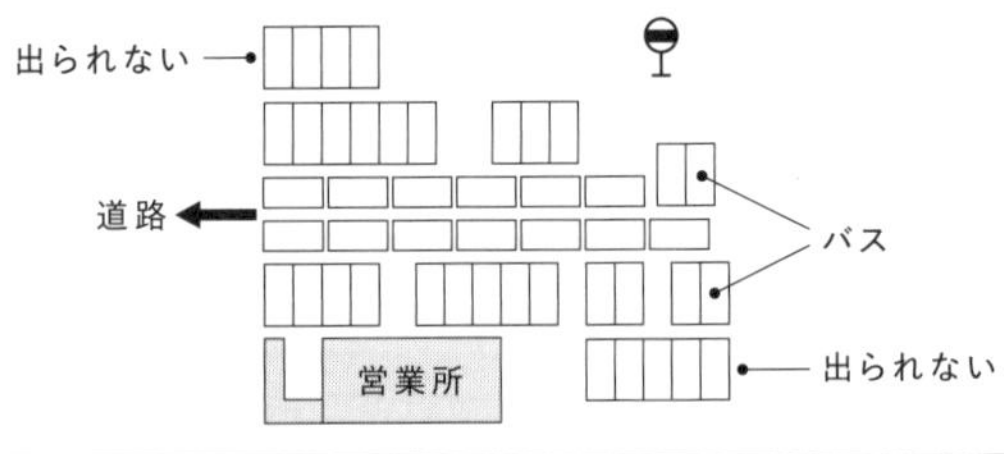

手前のバスから順番に出さないとスムーズに出庫できない

そのため、**21時台になっても立体駐車場に停めてある運転士のマイカーを別の駐車スペースに移動させることも運行管理者の仕事だ。**

しかし、ここで問題が発生する。バス運転士の多くは車好きで、マイカーの8割はマニュアル車だ。私のような新卒採用の総合職の場合、バスの運転は行わないので大型免許は所持していない。ただ、必要な資格として普通自動車免許（AT限定不可）との記載があった[*4]。私はもともとAT限定で運転免許を取得したが、入社前に教習所に通って限定解除をした[*5]。このAT限定解除、なんと計5時間の教習所内での教習および試験のみで、公道に出ることなくマニュアル車を運転できるようになる。今まで5時間しかマニュアル車を運転したことのない自分が、運転士の大事なマイカーを動かさなくてはいけない。しかも立体駐車場なので少し目測を誤るとサイドミラーを柱に擦ってしまう。車によって大きさや性能がまったく異なるため、いつも慎重に慎重に、ゆっくり車を移動させていた。慣れている人であれば5分もかからない作業だが、慣れない頃は慎重にやりすぎて30分くらいかかっていた。幸いにも運転士のマイカーを傷つけることはなかったが、かなり緊張感の伴う仕事だった。

【＊3】 バスの位置情報を管理するシステム。乗客がスマホなどで見ることのできるバス接近案内もこのシステムを利用している。

【＊4】 てっきり社用車でマニュアル車があるのかと思っていたら、そうではなくこの仕事のためだった。

【＊5】 採用試験の際は所持していなくても、入社までに限定解除をすれば良かった。

学校の宿直のような見回り

駐車場の整理を終えると、営業所の建物を巡回し、戸締りを行う。バス運転士が約150人所属している営業所なので、かなりの広さだ。1階に運行管理者の事務所、2階に運転士のロッカールームや休憩室、3階と4階は数十年前には社員寮として使われていたようだが、今は書類や資材の置き場となっている。築50年は超えているであろう歴史を感じる建物で、もちろんエレベーターはない。夜遅い時間になると広い建物には誰もおらず、3・4階に至っては明かりもついていない。消灯しているのではなく、夜中に使うことがないのでもはや照明自体が設置されていないのだ。そんな状況なので、「幽霊が出るぞ」とよく言われている。もちろん幽霊なんて出るはずがないが、夜中に消灯した廊下を懐中電灯片手に見回るのはまさに学校の宿直勤務のようだった。[*6]

無事に見回りを終えるとあともう一息だ。夜の勤務を終えた運転士が次々と営業所に戻ってくるが、遅い時間になるにつれ、バスの本数が少なくなるので運転士の戻ってくる人数も減ってくる。日付が変わり、深夜0

【＊6】私は当然のように今でもあるのかと思っていたが、昭和中期頃までに廃止されているようだ。

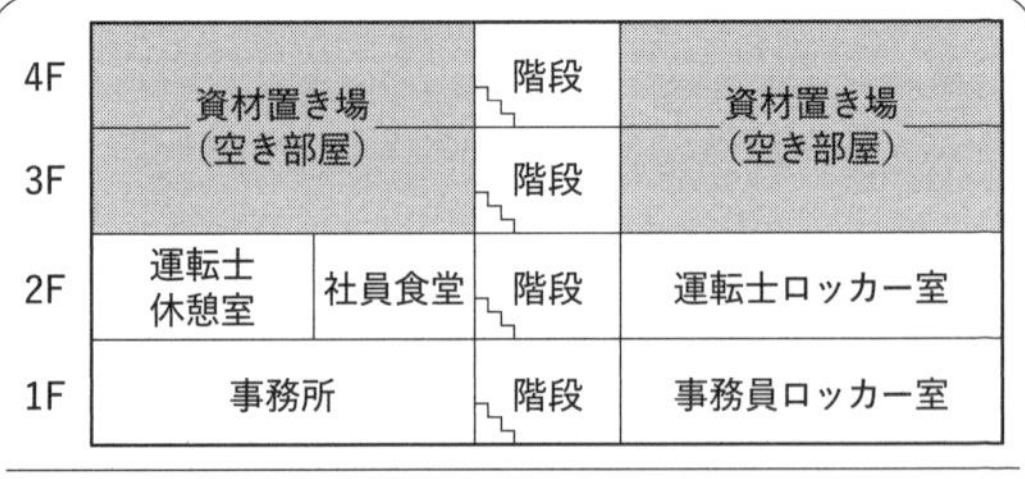

営業所の構造

時半。最終バスを担当した運転士が戻ってきた。これで本日の運行はすべて終了、最後に今日1日の運行状況や運転士の労働時間に関する書類を出力。そうしている間に最後の運転士は制服から着替えて退勤。私の営業所では運転士の泊まり勤務はない。深夜0時過ぎの退勤で、どのようにして帰るのか。答えはマイカーやバイク通勤か、営業所のすぐ近くに住んでいて、徒歩で帰るかだ。マイカー通勤はもちろん多いが、それ以上にほかの仕事では考えられないくらい、営業所のすぐ近くに住んでいる人も多かった。*7

深夜1時前にやっとすべての仕事が終わる。車庫にはバスが身動きがとれないくらいぎゅうぎゅうに停まっているのに対して、営業所の建物には泊まり勤務の2人だけ。何だか不思議な感覚に陥る。

ホテルの大浴場のような規模の浴室が完備されており、寝る前には風呂に入ることができる。バスの点検などを行う整備士は暑い中で作業をするため、仕事を終えると汗だくになる。整備士が勤務終了後に大勢で入浴するための広い浴室だ。*8

入浴を済ませると寝室に布団を敷いて就寝。明日は最初に出勤する運転士が来る前に営業所の鍵を開けなくてはならない。起きるのは4時半だ。

【＊7】バス運転士は労働時間が長いので、少しでも家で休む時間を長くしたいとなると、営業所のすぐ近くに住むという選択もよくわかる。

【＊8】もちろん整備士は夕方に入浴してとっくに帰っているので、大浴場を1人で使う。広い大浴場なのだから泊まりの2人で同時に風呂に入ればいい気もするが、1人ずつ入浴していた。整備士が10人くらいで入浴するのは修学旅行のようで楽しそうな雰囲気が思い浮かぶが、2人きりで大浴場となると確かに少々気まずいかもしれない。

朝食のうどんづくり

4時半に起床。営業所の鍵を開けると、朝5時から続々と運転士が出勤してくる。出勤した運転士のアルコールチェックや勤務の確認などの朝の点呼で慌ただしいが、そんな中で朝はもうひとつの仕事がある。それが朝食のうどんの調理だ。昼食と夕食は各自で用意するが、朝食だけは営業所内で作って食べるルールになっている。早朝の運転士の出勤が一段落した頃に、お湯を沸かして乾麺を茹でる。駅員などの泊まり勤務といえば食事は自炊するのが定番であるが、正直私は料理が苦手で、食べ物の好き嫌いも多く、できれば泊まり勤務でも自炊はせず好きなものを食べたいなと思っていた。しかし朝食のうどんであれば、そこまで個人の好みに左右されず、手軽に自炊ができていいメニューだ。先輩から代々受け継がれるレシピで作るうどんは家で母親が作るうどんの味とはまた違っていて、どこか**男の共同生活のような味**[*9]がしてとてもおいしい。

これを運行管理者2名と、早朝から出勤している早番の整備士1名の計3人で食べる。昼食や夕食は何かあっても即対応できるようにずらして食

【*9】 近年では徐々に女性社員も増えているが、過去に労働基準法で女性の深夜就労が禁止されていた影響もあり、バス業界は男性の比率が高い。中央営業所は建物の設備が古く、女性用の更衣室などがないため職員は男性だけだった。

事をとっていたのに対して、こちらは同時だ。うどんを時間差で作るのが手間なのと、食べるのにそこまで時間がかからないからだ。[*10] また、朝ラッシュの時間帯は運転士がバスの運行で出払っており、問い合わせの電話さえなければ営業所内は意外と落ち着いた時間が流れている。とはいえ、乗客の利用は多い時間帯なので、食べている途中に問い合わせの電話がかかってきて食事が中断されることも多々ある。朝食も各自でパンなど好きなものを交互に食べればいいのでは……と思うこともあったが、うどんを作って食べる時間は泊まり勤務らしさがあり、私は好きだった。

うどんのレシピ

【材料（1人前）】
乾麺うどん（1玉）、乾燥しいたけ、乾燥わかめ、玉ねぎ（それぞれお好みの量）
Ⓐ水（200ml）、2倍濃縮めんつゆ（100ml）

【作り方】
① 大きめの鍋にたっぷりのお湯を沸かし、乾麺うどんを規定時間茹でる。
② 玉ねぎは細目の串切りにする。
③ Ⓐと玉ねぎを小さめの鍋に入れ、中火にかける。
④ ③が温まってきたら、乾燥しいたけをそのまま入れ、さらに中火にかける。
⑤ ④が沸騰したら、乾燥わかめを入れ、わかめが戻ったら火を止める。
⑥ どんぶりに盛り付けて完成。

【*10】この朝食の時間は休憩時間ではなく労働時間扱いとなっていたので、長時間席を外すわけではない。何かあればすぐに対応する。

当時のうどんを再現してみた

泊まり勤務が終わっても帰れない

午前9時過ぎには朝ラッシュの運行を終えた運転士が次々と戻ってくる。その対応が一段落した午前10時、ついに今日の運行管理者が出勤。業務を引き継いで長かった24時間の勤務は終了だ。出勤から退勤まで1回の勤務は長いものの、午前10時に仕事が終われば、次の出勤は翌日の午前10時だ。[*1]アフター5ならぬ、アフター10。平日昼の空いた商業施設で買い物をして帰ってもいいし、家に帰ってゆっくり休んでもいい。これが泊まり勤務の醍醐味だ。アフター10の過ごし方にあれこれと想像を膨らませていると、一緒に泊まり勤務を終えた石塚さんから声がかかる。

「綿貫、もうすぐダイヤ改正だから、バス停に案内の掲示を貼りにいくぞ！」

【＊1】 運行管理者の勤務は泊まり→明け（今ここ）→泊まり→明け→休み→休みのようなサイクル。

【＊2】 会社としてはもう1人補充したい気持ちはあったと思うが、当時、運行管理者の退職や休職が続いていたため、どうしてもギリギリの人数となっていた。

「えっ、石塚さんまだ帰らないんですか？」

「そりゃそうだ、運行管理以外の仕事は残業しないと終わらないぞ」

「ですよね……はい、やりましょう」

運行管理者の人数がもう一人いればほかの仕事をこなす余裕が出てくるものの、ギリギリの人数で回しているため、こうなるのは仕方ない。[*2]

残業①バス停に案内の掲示を貼りに行く

ちなみに、鉄道の駅でお知らせのポスターを貼る場合、自分の勤務する駅に数枚貼ればそれで終わりだ。それがバスのお知らせとなると、自分の営業所のバスが停まるバス停すべてに貼らなくてはならない。その数なんと約１００停留所。しかもバス停は道路を挟んで両側にあるので、貼るのは約２００ヶ所になる。これを社用車で周り、１ヶ所ずつ掲示物を貼っていく。気が遠くなる作業だ。もちろんとても1日では終わらないため、毎日泊まり勤務を終えた運行管理者が少しずつ分担して掲示し、チェックリストに記録する。残りはあと30ヶ所。これなら今日中に終わりそうだ。

黙々と掲示の作業を進めていくと、時刻は12時過ぎ。

	4/1	4/2	4/3	4/4	4/5	4/6	4/7	4/8	4/9	4/10	4/11	4/12	4/13	4/14
安西	泊り	明け	泊り	明け	泊り	明け	休	休	泊り	明け	泊り	明け	休	休
伊沢	休	泊り	明け	泊り	明け	泊り	明け	休	休	泊り	明け	泊り	明け	休
上田	休	休	泊り	明け	泊り	明け	泊り	明け	休	休	泊り	明け	泊り	明け
遠藤	明け	休	休	泊り	明け	泊り	明け	泊り	明け	休	休	泊り	明け	泊り
折原	泊り	明け	休	休	日勤	日勤	泊り	明け	泊り	明け	休	休	泊り	明け
加藤	明け	泊り	明け	休	休	日勤	日勤	泊り	明け	泊り	明け	休	休	泊り

運行管理者６名体制の勤務サイクル。日勤は１人あたり６週間に２日しかない

「よし綿貫、飯にするか」

石塚さんの一声でラーメン屋に入る。運行管理者の泊まり勤務の最中は外食が認められずコンビニ弁当だったので、こうした残業の最中だけは外で食べることができる。[*3]

昼食をとって作業を再開、16時頃には無事にすべてのバス停に掲出《けいしゅつ》する作業を終えた。これでやっと帰れる。そこで石塚さんが一言。

「そういえば朝食のうどんの材料、残り少なかったよな。あと飲み物も。この時間に帰るのも中途半端だし、俺も手伝うから買いに行くぞ」

そう、先輩の言葉通り、この時間に帰るのは中途半端だ。もちろん残業なので、やるべき仕事を終えたらすぐに帰るべきだ。しかしこの夕方の時間、営業所のトップである所長をはじめ、日勤の事務担当はまだまだ働いている。そんな中で帰るのは、もちろんダメではないが、やはり、なぜか早退しているような雰囲気になり、帰りづらい。[*4] そのため、夕方の微妙な時間に帰るくらいなら18時まで残ってから帰る、ということが多かった。[*5]

残業②食材の買い出し

【＊3】ちなみに今回はバス停を巡回する仕事のため、外で昼食をとることができたが、苦情の処理や事故に関する書類の作成など、事務所内で行う残業のほうが格段に多い。その場合は1人だけ外食するわけにもいかず、12時にほかの日勤の職員と一緒に再びコンビニ弁当での昼食となる。

【＊4】夕方の半端な時間に帰ると、後ろめたい気持ちになる。しかし、すでに日勤組より大幅に多く働いているので、本来このような気持ちになるのはおかしい。

【＊5】これだけ聞くと超ブラック企業だが、会社の名誉のために補足すると、私のいた頃は特に人が足りないうえに仕事が多くこのような状況にならざるをえず、今は改善されている。当時でも、ほかの営業所はほぼ残業せずに帰れたそうだ。私の営業所が特別忙しかったことをご承知いただきたい。

そんな中で次に行うのは食材の買い出し。新人の私は事故対応などの経験を要する仕事ができない代わりに、こういった雑務を主に担当している。[*6]うどんの麺や具材を買うだけなら私1人でも十分だ。石塚さんが手伝ってくれるのはさらに、重い飲み物を運ぶためだ。私の勤める営業所では飲料を箱買いして事務所に常備している。営業所には自販機が設置されているので、もちろんそこで買うこともできるが、その都度自販機で買っているとｌ本１２０円する（当時の価格）ので少々もったいない。そこで、スーパーで1本30円前後で売っている格安の缶飲料を大量に箱買いして、事務所の冷蔵庫に常備しておく。[*7]仕入れの手間は少々かかるものの、事務所の職員の多くが安く飲み物を飲むことができる。石塚さんと2人がかりで飲み物を買って、営業所に戻るともうすぐ18時。

「こんな時間までお疲れ。何飲む？」

「ありがとうございます、コーラにします！」

……ゴトン。営業所の自販機で１２０円のコーラを石塚さんからおごってもらった。30円の飲料も安くておいしいが、やっぱり１２０円する大手メーカーの飲料も飲みたくなる。[*8]

【＊6】ただしこの朝食にうどんを食べることや飲料の箱買いは会社から業務として指示されたものではなく、従業員一同で食費節約などの意味で自主的に行われており、残業時間には含まれていない。

【＊7】飲み物の代金は私が立て替える形になるが、事務所に飲み物の料金箱を設置し、飲み物を飲む人はそこにお金を払う。お金がたまったら立て替えていた分を回収する。商売ではないので私に利益はない。

【＊8】30円の飲料を箱買いすると自販機の営業妨害なのではと最初は思ったが、逆に自販機飲料の味が恋しくなり、売上に貢献しているかもしれない。

残業後は先輩と食事

こんな様子で、残業して行う仕事はバス停の掲示物掲出や買い出しのほかにも様々あるので、毎回泊まり勤務の後にはそのまま18時まで残業することが日常になっていた。そして18時に終業のチャイムが鳴り、やっと帰る時間だ。日勤の所長らと同じ時間で仕事を終え、前日の10時から実に32時間に及ぶ拘束時間の勤務がやっと終了した。また明日は午前10時に出勤して泊まり勤務。本当なら朝10時に仕事を終えて平日の昼間を満喫しているはずだったのに、空は暗い。朝10時に出勤して夜18時に仕事を終えて帰る。これだけ聞いたら普通の会社員のタイムテーブルのようだ。むしろ出勤が遅めなので羨ましいくらいだ。**それがまさか、帰るのが翌日の18時だとはなかなか想像できない世界だろう。**

「せっかくだし夕飯食ってくか、焼肉いこうぜ！　帰りは車で家まで送っていくよ！」

私はバス通勤だが、石塚さんはマイカー通勤だ。公私ともに大変お世話になっている先輩なので喜んでご一緒する。さらに、先輩と家が逆方向な

1本30円の飲料

のに、本当に家まで送ってもらった。もう時刻は21時過ぎだ。

「元気すぎません？　石塚さんも明日また10時から泊まり勤務ですよね」

「え、だって普通の仕事なら9時出勤なのに、ここは10時出勤でいいんだよ、このくらい余裕でしょ」

慣れとは怖いもので、意外とこんな長時間の仕事であっても、終わった後に直帰せずに寄り道する体力が残っている。このくらいの体力がないと運行管理者はやっていけないのかもしれない。

私はそのあとに鉄道会社の駅員に転職したが、転職先の駅員の仕事は泊まり勤務のあとに残業したとしてもせいぜい1時間くらいで、大半は残業せずにすぐに帰れた。駅員の同僚に運行管理者時代の勤務形態を話しても、「そんなわけないでしょ」と信じてもらえない。そのくらい、傍から見たら過酷に思える勤務だ。それでも残業した分の残業代は支払われていたし、出勤する日の労働時間はたしかに長いものの、週休2日が連休で確保されていたので、休日にプライベートの時間をじっくり過ごすことができ、この生活自体は思ったほど辛くなかった。

運転士の残業事情はなかなか複雑

バスを運転する運転士には残業はあるのだろうか。一般的な会社員は、勤務時間内に仕事が終わらない場合は残業になるなど、想像がつきやすい。それに対して、バスのダイヤに沿って動く運転士であれば、勤務時間はあらかじめ決まっており、一見残業はなさそうに思える。しかし、運転士にも残業はある。何種類かパターンがあるので見てみよう。

残業①運行していたバスが遅れた

まずはこのパターン。1日の途中でバスが遅れるぶんには労働時間に影響がないことが大半だが、1日の最後に運行するバスが遅れると話は別だ。例えば最後のバスが20分遅れてしまうと、営業所に戻って退勤するの

【*1】1日の途中の遅れは終点の折り返し時間でたいてい取り戻せる。

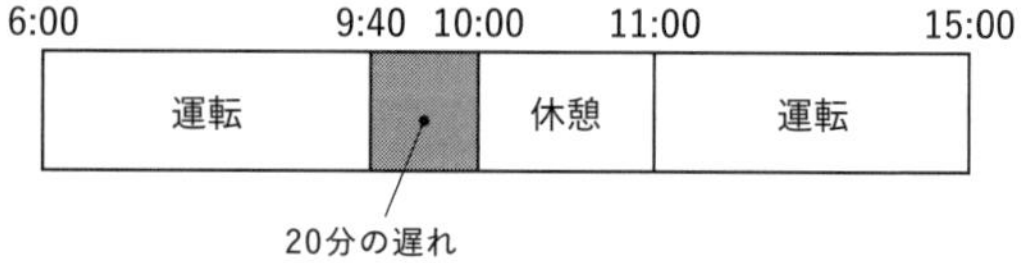

1日の途中でバスが遅れた場合
（20分遅れだが休憩が確保される）

も20分遅れてしまう。[*1] この場合は20分ぶんの給料が残業代として支払われる。また、運転士の労働時間はダイヤごとに様々だ。労働基準法で1日の労働時間は8時間までと決まっている。できれば8時間以内におさめるのが望ましいが、例えば往復で4時間10分かかる路線があるとしよう。二往復すると8時間20分かかってしまうので、[*2] 8時間を超えてしまう。だからといって1日の労働時間が一往復の4時間10分ではあまりにも効率が悪い。そのため、この場合の1日の労働時間は二往復で8時間20分とし、20分ぶんの残業代を支払うという場合も多い。

残業②バスの運転士不足による残業

ここまでは想像しやすい残業であるが、ここからが本題だ。バスの運転士が足りていないとよく話題になるが、バスの時刻は決まっており、人がいないので運休というわけにはいかない。ではどうしているかというと、**残業が前提としてダイヤが組まれている。** 1日8時間労働が原則のところ、追加で4時間、つまり約12時間労働の勤務が多々ある。1時間や2時間の追加ではなく、なぜ4時間なのか。

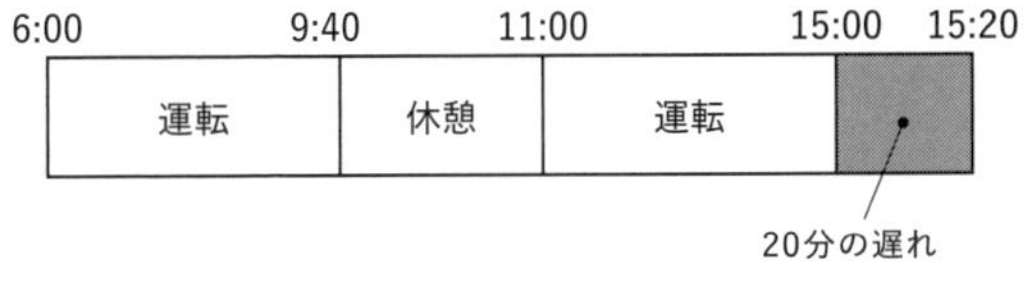

最後のバスが遅れた場合
（遅れた分だけ残業）

【＊2】労働時間をわかりやすく説明する例のため、ここではバスの点検時間や休憩時間などは考慮しない。

バスの連続運転時間は4時間までと決まっており、4時間を超えて運転すると休憩が必要になる。そのため通常の8時間の勤務も「4時間＋4時間」の構成になっており、残業の追加勤務に関しても4時間となる。[＊3] 私の営業所では週に2回ほど運転士は12時間勤務をすることになっており、そうすると月35時間ほどが自動的に残業となる計算だ。

有給休暇による休日出勤

このように長時間勤務を駆使すれば少人数で多くのバスを運行できるが、これで終わりではない。運転士の人数[＊4]が有給休暇をとることを想定した人数になっていないのだ。[＊5] どういうことか。取れることには取れるが、誰かが休んだら、今日は有給休暇なのでこのバスは運休です、というわけにはいかず、代わりに誰かが休日出勤しなくてはならない。[＊6]

ならば運転士の人数が増えれば残業が減り、運転士の長時間労働も解決かと思えば、そう簡単ではない。一時期、私の会社で運転士の新規採用が続いて運転士不足が解消された時期があった。運転士も働きやすい環境になったと思っていたら、いつも休日出勤に協力的な浅見さんがぼやく。

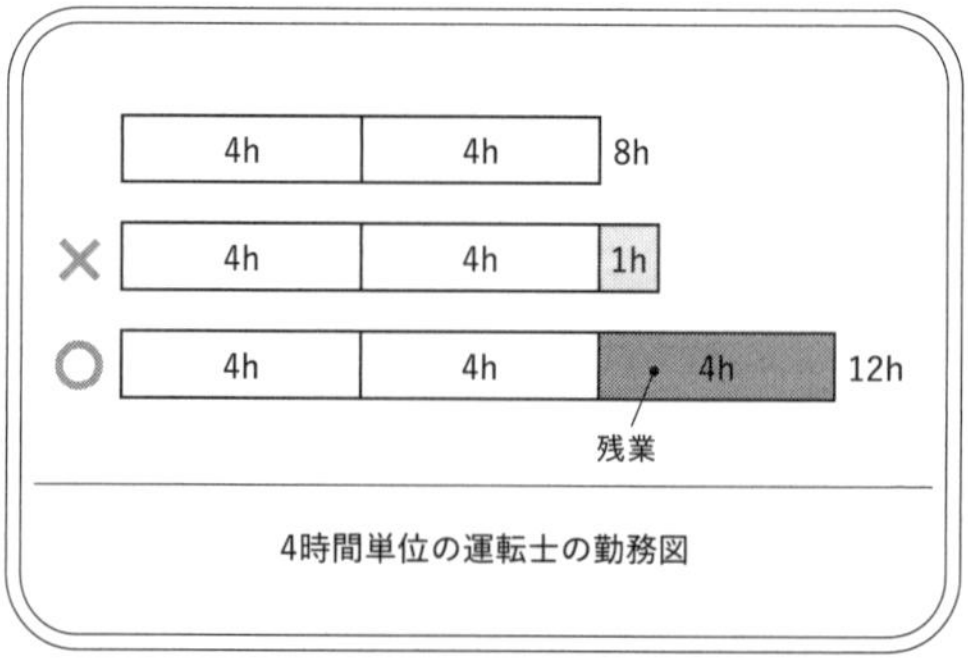

4時間単位の運転士の勤務図

【＊3】そうすれば、異常時にも勤務のやりくりがしやすい。

【＊4】労働者の権利には年次有給休暇というものがあり、勤務年数に応じて最大で1年に20日の有給休暇をとることができる。

「**残業が減ってしまって稼げないよ。**困ったなあ」

そう。この営業所で100名以上勤務している運転士がいくら稼ぎたいかは多種多様である。夫婦共働きで家計に余裕があるのでなるべく残業したくないという人もいれば、妻は専業主婦で子どもが4人いるので稼げる限り稼ぎたいという人もいる。バス運転士の基本給は安く、基本給だけで子どもを養うのは苦労しそうだ。[*7] もちろん基本給を上げれば休日出勤をしなくてもよくなる確率は高いが、現状ではそうもいかない。

ちなみに、鉄道会社の乗務員の勤務形態はバス運転士に似ているが、[*8] 基本給はバス運転士より高めであり、4時間の残業が自動的についてくるということはなかった。人員にも余裕があり、有給休暇をとった人の代わりに勤務する人員も確保されていた。それでも、都合で休日出勤はたびたび発生した。バス会社と同様、休日出勤を積極的にやる人とまったくやらない人で二分されており、基本給が多少高かったとしても「特に何も予定のない休日を過ごすくらいなら休日出勤したい」「稼げるうちに極限まで稼ぎたいのでできる限り休日出勤したい」という人は一定数いる。すべての人が納得するような勤務体系にすることは難しい。

【*5】p.32の下図を参照。

【*6】そのため、有給休暇の買取に近い状態になっていた。ただ、休日出勤は任意のため、絶対に休日出勤はしないという意思をもてば、有給休暇を使いつつ休日出勤はしないということも可能で、そうしている人もいた。

【*7】よく「月収例35万円以上」のように書かれたバス運転士の求人を見かけるが、これは基本給ではなく、一定時間の残業を考慮した金額である。

【*8】私はバス会社を退職後、鉄道会社で車掌を務めていた。

バスの車両にも勤務表がある

運転士の勤務表さえ組めれば時刻通りバスが走るかといえば、そうではない。バスを走らせるには、運転士のほかにバスの車両が必要不可欠だ。この車両にも勤務表のようなものがあり、運行管理者が管理している。

ではバスの車両の勤務とはどういったものなのか。運転士の勤務には番号があり、1番が5時00分～13時17分、2番が5時03分～13時11分のように、分刻みで100通り設定されている。基本的には1つの勤務で1台のバスを使うようになっており、100通りの勤務であれば100台バスがあれば足りる。そして中央営業所にあるバスはジャスト100台だ。それなら単純に1番の勤務に1号車、2番の勤務に2号車と割り当てればいいように思える。だがもちろん、そううまくはいかない。バスは遅れることが日常茶飯事で、大幅に遅れた場合には別の車両を臨時で走らせることがある。そのための予備車が必要だ。

さらに、バスには定期的な点検が義務づけられている。朝の運行前に運転士による日常点検は毎日行うが、そのほかに3ヶ月に1回、整備士による「3ヶ月点検」を行う必要がある。この3ヶ月点検はすぐ終わるものではなく、少なくとも半日はバスが使えなくなる。１００台を3ヶ月ごとに点検するということは、1日に1台以上は使えなくなる計算だ。さらに、事故や故障で車両が使えなくなることもある。鉄道と違い公道を走るので、もらい事故を含めて1ヶ月に1回程度は発生する。事故の規模にもよるが、事故で破損した箇所を修繕している間は車両が使えなくなる。これらを踏まえると、勤務の数と同じ台数の車両では全然足りず、5台くらいはここからやりくりして余裕を生まなくてはならない。

運転士の勤務は労働時間の制約があり、原則は1日8時間の勤務、残業をしても1日12時間程度の勤務となっている。それに対して、バスの車両に関しては稼働時間の制約はない。**極論を言えば朝5時から深夜0時まで走り続けることも可能**である。そのため、朝早い出勤である1番の勤務が

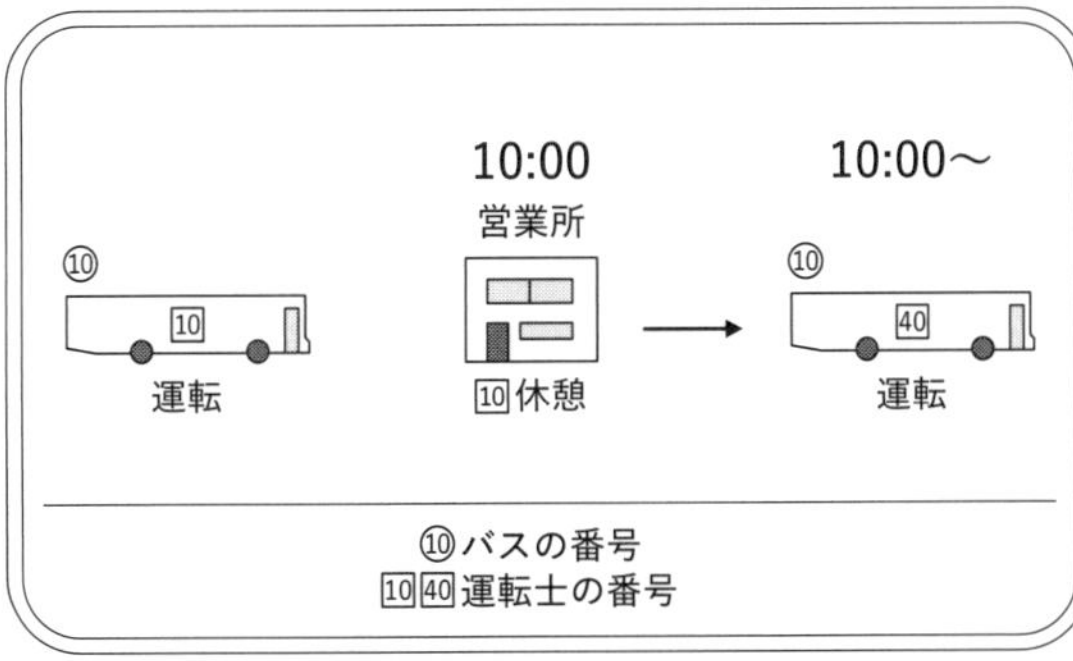

5時00分〜13時17分、午後に出勤して夜遅くまで走る100番の勤務が15時11分〜23時38分だとする。この2つの勤務を同じ運転士が担当することは、「1日の拘束時間は16時間まで」という上限[*1]を超えてしまうため不可能だが、同じ車両を使うことは可能だ。このように、早番と遅番の勤務を同じバスに担当させることによって、車両を効率よく運用できる。

さらに、労働基準法には休憩時間の規定があり、「8時間以上の労働で1時間休憩」というルールがある。これに関しても、**人は休憩する必要があるが、バスの車両は休憩する必要がない**。地域によっては、鉄道が駅で乗務員の交代をするように、運行の途中に営業所などで数分間停車し、バスの運転士が交代する場面が見られる。このようにすれば、人は休憩しつつ、バスは走らせ続けることができる。しかし、この方法を使える路線はごく一部だ。たいてい、運転士が休憩する場合は運転士がバスを運転して営業所に帰ってきて、運転士が休憩している間は車両も休憩する。そして1時間休憩の後に同じ車両を運転して勤務再開、となる。だいたいの場合はそれですんなりいくものの、事故や検査で使えない車両が多くなってくると、この1時間も惜しい。

【*1】このような拘束時間等の上限は「自動車運転者の労働時間等の改善のための基準」にて定められている。

例えば10番のバスの勤務は「朝6時から4時間の運行を終えて、10時から1時間休憩。休憩後の11時から15時まで運行する」という勤務だ。その休憩が始まる10時ちょうどから18時までの日中を走る40番の勤務があるが、この40番の勤務のバスがどうしても手配できない。そこで、10番のバスが休憩のために10時に営業所に戻ってきたら、急いで40番の勤務の運転士にバスに乗り込んでもらい、以降はこの10番のバスは40番の運転士が使う。10番の運転士が休憩後に使うバスはというと、朝7時から11時まで走る15番の勤務が11時に戻ってくるので、休憩後はそちらの15番のバスに乗り換える。というように、**少しずつ乗るバスをずらすことで、何とか車両の余裕を生み出すことができる。**とはいっても、あまりにもバスの台数がギリギリであれば車両の手配がつかず運休、ということが頻発してしまうので、ここまで余裕がないことは少ない。休憩時間を削るのは最後の手段で、たいていは朝と夜の勤務を同じ車両で運行することで対処していた。

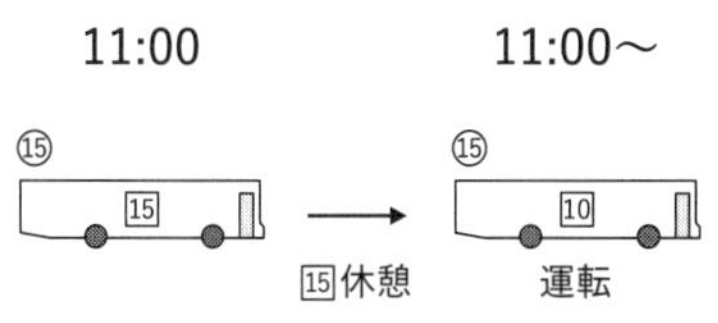

休憩後に運転士が乗るバスをずらすことで、車両不足を補う

コラム1

バスってそもそもどうやって乗るの？支払い方は？乗り方は？

バスを利用するにあたり、障壁のひとつが運賃の支払い方だ。いくつかの種類があるが、なかでも「**整理券方式**」と呼ばれるものが主流である。

「整理券方式」では、バスに乗る際に中ドア（一部路線では前ドア）が開き、乗車の際に整理券を取る。ただし、始発停留所では整理券が出ない場合があるので、整理券発行機から券が出ていなければそのまま乗車する。逆に、始発停留所でも整理券が出る場合もある。そのため、乗り込むときは整理券発行機を必ず確認しよう。また、ICカードを利用する場合は始発停留所でのタッチが必要である。整理券には番号が書かれていて、この番号は始発停留所に近いと数が小さく、終点に近づくほど大きい。番号をもとに、車内前方の運賃表示器にて運賃を確認する。整理券が発行されない場合は運賃が運賃表示器の端に表示されているので、それを確認する。また、運賃表示器には「次の停留所で降りた場合にはいくらかかるか」が表示されている。すなわち、乗車中に「この先の終点まで乗ったらいくらかかるか」はわからない。

ICカードを利用したい場合にも注意点があり、SuicaやPASMOといった全国相互利用可能なICカードが使えないバス会社も数多くある。例えば茨城県では関東鉄道と茨城交通の2社のバスが多く走っており、水戸駅には両社が乗り入れる。関東鉄道ではSuicaなどが使えるが、茨城交通では「いばっピ」という独自のカードしか使えない。そのため、不慣れな地域のバスに乗る場合は現金を用意しておくといい。

降車の際には、運賃表示器を確認して運賃箱に整理券と運賃を投入して支払いをする。整理券は紙なので硬貨と一緒に運賃箱に入れてしまって大丈夫なものかと躊躇するが、整理券を入れても問題ないように作られている。ただ、お釣りが出ないタイプの運賃箱が大半であることには注意が必要。ちょうどの金額を持っていない場合は、両替して支払うことになる。両替をしたい場合は、紙幣投入口に紙幣を投入するか、小さく「両替」と書かれた硬貨投入口に硬貨を入れると両替される。この両替により出てくる硬貨の内訳は、一度の両替でどのような運賃も支払えるように、千円札を投入すると500円玉が1枚、100円玉が4枚、50円玉が1枚、10円玉が5枚出てくる。スムーズに支払うコツは、例えば990円などの硬貨の枚数が多くなる運賃の場合に1枚1枚数えるのではなく、千円札を両替して出てきた硬貨のうち、10円だけは財布に入れ、残りを運賃箱に投入するという引き算を行うことだ。

また、紙幣の両替はたいてい、千円札しか受け付けていない。高額紙幣しか持ち合わせがない場合、まれに運転士が両替用の紙幣を持っており、千円札に両替できる場合もあるが、たいていは後日に支払うことになってしまう。そのためバスに乗車する前に千円札か小銭で運賃を支払えるように財布の中身のチェックが必要。さらに難しいのは運賃が千円以上の場合。千円札を紙幣投入口に入れると、運賃として受け付けてもらえず、硬貨が両替されて出てきてしまうことが多い。この場合の支払い方はバスによって異なるので、運転士に一声かけて確認しよう。

「始発停留所での整理券の有無」や「お釣りが出るか」など細かい部分は会社によって異なる。事前にバス停の案内や会社のホームページを確認すると心強いが、**一番手っ取り早いのは、バス停でほかの利用客（地元の常連）の後ろに並んで動きを見ること**である。「郷に入っては郷に従え」だ。

バスを運転したことのない人が運転士を指導する

私が従事していた運行管理者は、運転士の上司にあたる存在である。しかし、通常の会社の上司のイメージとはだいぶ異なった立ち位置である。

バス会社の総合職として入社すると、最初は本社に配属され、数ヶ月後に営業所に異動。まずは事務担当として備品の管理や運転士の労働時間の計算などを行う。[*1] その後事務担当として1年ほど経過すると、ついに運行管理担当に任命される。今まで運転士との関わりがほとんどなかったような状況から、いきなり上に立って管理することになるのだ。[*2]

指導なんてできっこない

事務担当であれば、苦手な運転士との会話は最低限で済ますことができ

【＊1】 事務担当は運転士とやり取りをするよりも、本社と連絡を取り合って行う仕事が多かった。

【＊2】 もちろん、将来的に運行管理者になることは入社時に説明されている。事務担当の1年間で運転士とコミュニケーションを取り、良好な関係を築く必要があるのはわかっていた。しかし人と話すのが苦手な自分が、100名を超える運転士と良好な関係を築くのは難易度が高く、多くの運転士とは会話といった会話をしたことがないまま1年が経過してしまった。

る。しかし運行管理者となるとそうはいかない。特に、事故や苦情があったときは運行管理者が運転士に聞き取りを行い、指導する必要がある。

私はこの当時、入社2年目の24歳。大型二種免許どころか、普通免許しか持っていない。マニュアル車の運転に至っては、教習所の限定解除で5時間運転しただけだ。**こんな人物に何が指導できるのだろうか。**[*3] しかし立場上、私が指導しなくてはいけない。この環境が不安でしかたなかった。

ただ、営業所にいる運行管理者は約半数が元運転士なものの、残りの半数は私と同じ運転士を経験していない総合職だ。歴代の先輩も運転士経験がない中で運行管理の仕事を行い、問題なくこなしている。同じ総合職の先輩である羽鳥さんもその一人。私は素朴な疑問をぶつけてみる。

「私は運転士を経験していなくて大型免許も持っていないのに、運行管理ができるものなんですか？」

「確かに運転士をやっていないと大変なこともあるけど、あくまで我々の仕事は運行管理だから。運行管理のプロとしての役割を果たせばいいんだよ。運行管理者が上司ということにはなっているけど、**運転士と運行管理者は役割が違うだけで対等だから。**その気持ちを持っていれば大丈夫」

【＊3】正直、自分が運転士だったらこんな奴に指導されたくない。ごく一部のバス会社では総合職が運転士を経験する場合もあるが、大半は経験しない。ちなみに鉄道会社の総合職は、1年目は駅員や車掌といった現業職と同じ仕事をする。それと同様に、バス会社でも運転士や整備士の仕事をする期間があっても良さそうに思える。

とのことだ。これを聞いて少し気持ちが楽になった。

客からの苦情も伝えなければいけない

運行管理の仕事をするようになってすぐのこと。電話で苦情が入った。要約すると、運転士の運転が荒く、特に変速時の衝撃が大きい[*4]といった内容だ。まずは苦情の申告内容の真偽を確かめるため、ドライブレコーダーを確認する。……正直、見たところで運転が荒いのか荒くないのかわからない。確かに変速時に乗客の体が揺れているのはわかるが、許容範囲であるようにも見える。これを適切な運転と判断して、運転士には特に何も伝えないという選択もできる。とはいえ、苦情を受けたら運転士に話を聞くのが基本だ。運転士の西山さんに苦情の内容を伝える。西山さんは少々気性が荒く、話しかけづらいタイプだが、ここは話さなくてはいけない。

「昨日の夜10時頃、市役所前バス停付近で変速のショックが大きいという苦情があったのですが、覚えはありますか？」

「は？　いつも通り運転してただろ。そいつがおかしいんだよ」

恐らくそうなのだろう。だが、ドライブレコーダーを一緒に確認する。

【＊4】　バスはオートマ車、マニュアル車の両方があるが、今回はマニュアル車。また、オートマ車であっても運転の仕方によっては変速時のショックが大きくなる場合がある。

「恐らくここに座っている方からの苦情だと思います。もちろん西山さんも日々安全運転で頑張ってくださっていると思うのですが、余力があれば乗り心地にご配慮をお願いします……」

「わかったわかった、お前も運転士やったことなくて運行管理者やらされて大変だろうからな、今後気をつけるよ」

と、**半ば運転士に同情されるような形で**話を聞いてもらうことができた。

私は運転士を経験していないので、運転に関する技術的な部分は運転士には敵わない。運転士出身の運行管理者に指導方法を相談することもあったが、基本的には自分で解決する必要がある。結果として、このようなパターンに落ち着くことが多かった。バスの運転士は前職が様々で、元トラックドライバーの人を中心に気性が荒い人が多いものの、それでもこの会社や仕事のことはよくわかっている。大型免許を持っていない中で運行管理者をやっていることも、私のような若手は運行管理者同士や本社との関係でも苦労しているというのもわかっている。そのため、大人の対応をしてくれた。「大型免許を持っていない者が運行管理者をする」ことに対しての風当たりは想像していたよりは強くなかった。[*5]

【*5】もしかすると、私のような総合職は順調にいけば10年もすれば助役や所長などの立場で出世して営業所に戻ってくるパターンも多いので、今優しくしておけば見返りがあるかも……みたいな考えもあるかもしれないが。

運転士が出勤してきません！

世の中には絶対に遅刻が許されないタイプの仕事もあれば、大きな影響がない仕事もあるだろう。さて、バスの運転士はどうだろうか。

とある日、私は朝4時半に営業所の門を開けた。[*1] 早朝から運転士が続々と出勤してくるので、その対応を行う。朝5時前に、古橋さんが出勤してきた。中央営業所でもっとも朝早い1番の勤務の担当で、5時ちょうどの出勤だ。さらに、同じ時刻に村崎さんが出勤してくる。彼は今日の勤務は「**予備**」だ。事故や遅延などがあった際に代走して活躍するのはもちろん、もうひとつ重大な役割がある。それは、これから続々と出勤してくるはずの運転士が万が一、寝坊などの理由で遅刻してしまった場合に、代わりに乗務することだ。そのため、予備の出勤時間は朝一番の5時ちょうど。[*2] こ

【＊1】泊まり勤務の最中である。

【＊2】もちろん朝5時から深夜までいるわけではなく、原則8時間労働。5時出勤のほかに、12時出勤の午後の予備もいる。

れなら朝一番の運転士が遅刻しても何とかなる。

その後も2番の勤務が5時03分、3番の勤務が5時05分、と5時台は続々と出勤がある。朝のラッシュに万全の態勢で対応を行うため、運転士の出勤時刻でもっとも多いのがこの朝5時台の時間帯だ。[*3]

運転士の出勤チェック

ここで運行管理者にも大事な仕事がある。それは運転士の出勤を間違いなくチェックしていくことだ。運行管理者の手元には勤務の番号と出勤時刻、そして当日の運転士の名前が書かれた一覧表がある。運転士が出勤するたびに、この表にチェックを入れていく。1番の古橋さんが来て、2番の西山さんが来て……。この作業で重要なのは、**遅刻になるべく早く気づくこと**である。誰かが遅刻した場合、もちろん最終的には気づく。しかし、**バス運転士の出勤時間はバラバラで、朝9時に一斉に朝礼をするわけではないので、「○○さんが来てないぞ！」という風にはなかなか気づきづらい。**また、出勤時刻を1分でも過ぎてしまうと遅刻になるため、運転士は少し早めに営業所に姿を見せる。早いと1時間前に来る人から、遅い人は

【＊3】なんと中央営業所では5時台に約40人の運転士が出勤してくる。2分に1人以上のペースだ。

ギリギリの15分前に来る人まで様々だ。[*4]

運転士が遅刻してしまった

順調にチェックをつけていくものの、**5時30分に出勤するはずの星野さんが10分前になっても姿が見えない**。まずは私が見落としている可能性も考えて、放送で星野さんを呼ぶ。また、すでに出勤しているほかの運転士に星野さんの姿を見たか聞くも、見ていないとのこと。これはまずい。続いて、予備勤務の村崎さんを呼ぶ。

「綿貫さんどうしました？　早速お仕事ですか？[*5]」

「実は17番勤務の星野さんがまだ来てなくて、まず22号車の点検だけお願いします。もしかするとそのまま乗務してもらうかもしれません」

「マジですか、星野さんは家遠いですよね。とりあえず点検してきます」

星野さんの出勤時刻は5時30分だが、5時30分に車庫からバスを出すわけではない。出庫前に運転士が日常点検を実施し、出勤時刻の30分後の6時00分に車庫を出るというスケジュールだ。そのため、10分程度の遅刻であれば、遅刻なのは確かだが、予備勤務に頼らずに何とか自分で乗務はで

【＊4】 いつも1時間前に来る人が30分前になっても来ない場合は遅刻の可能性を考え始めるべきだが、逆に普段15分前にならないと来ない人が30分前に来ていない場合はまだ対応の必要はないだろう。

【＊5】 村崎さんは予備で何もしないのが落ち着かないようで、このような場面で仕事を頼みやすい。

きる。しかし、出庫時刻を過ぎてしまうと、4時間が経過して営業所に戻ってくるまで交代することができない。[*6] 通勤時間が10分程度であれば、出勤時刻の5時30分に寝坊したことに気づいて飛び起きたとしても、そこから急げば出庫には間に合う。[*7] ただ、星野さんは数少ない、車で40分くらいかかる所に住んでいる運転士だ。まずは彼の携帯に電話をかける。

「もしもし、中央営業所の綿貫ですが……」

「えっ、あっ、すみません。本当に申し訳ない。寝坊しました。今から向かいます」

「わかりました。乗務は予備勤務に代わってもらっていますから、慌てず気をつけて来てください」

少しすると、点検を終えた村崎さんが戻ってくる。

「星野さんですが、電話したところ寝坊だったので、申し訳ないですが引き続き乗務もお願いします」

「わかりました、待機してるより全然いいんで行ってきます！」

ということで、遅刻は発生してしまったものの、予備勤務の運転士のおかげでバスに遅れや運休は出さずに済んだ。[*8]

【＊6】営業所に近いバス停に社用車などで向かい、交代する場合もある。

【＊7】中央営業所の運転士は、出勤時間が早いことと、労働時間が長いことから営業所の近くに住んでいる人が多かった。

【＊8】今回は寝坊が遅刻の理由だったが、バス運転士は不規則な勤務のため、時間や曜日の勘違いによる遅刻も一定数発生する。遅刻をゼロにすることは簡単なようでかなり難しく、そういった意味でも予備勤務の運転士は必要不可欠な存在だろう。

恐怖のアルコール検査

運転士が当日急に乗務できなくなり、予備勤務が活躍する場面は先ほどの遅刻のほかに、急な体調不良、そしてアルコール検知[*1]がある。一般の乗用車を運転する場合でも酒気帯び運転が言語道断なのはもちろんだが、それでも乗車前にアルコールの検査は行わないだろう。しかしバス運転士に関しては、乗務前にアルコール検査が義務づけられている。道路交通法で違反となるのは呼気中アルコール濃度0.15mg/l以上だが、それ以下の数値であっても運転することはできない。検査では必ず0.00mg/lの数値を出す必要がある。運行管理者は運転士の出勤を確認したうえで、本人が確実にアルコール検査を行っているかも漏れなくチェックする。

朝5時台に続々と運転士がアルコール検査を行っていくが、次にアル

【＊1】純アルコールに換算して20gを1単位と呼び、分解するのに約4時間かかる。飲酒時は車を運転するまでに確実にアルコールを分解し終えるよう計算することが必要。

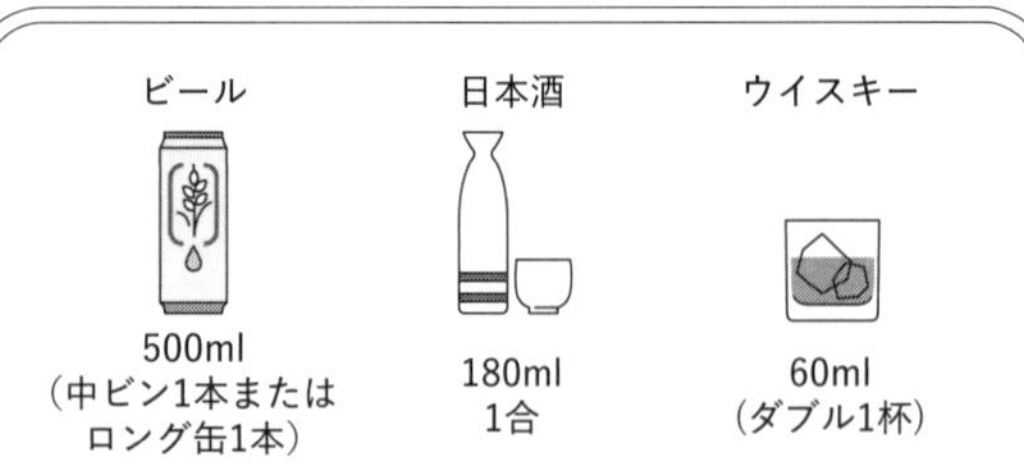

アルコールの1単位①

コールの検査をしようとしている早坂さんの様子がおかしい。

「大丈夫かなあ……。もしかしたら……。いや、でも……」

何でそんなに不安そうにしているんだ。こちらまで不安になってくる。

すると、

「ピーーーーー」

アルコール検知器の警報音が鳴る。アルコールを検知したということだ。

早坂さんに事情をうかがう。

「出勤の直前に何か飲み食いしましたか？　うがいしてもらって、もう一度検査してゼロになれば大丈夫ですから」

そう、意外と知られていないが、パンやエナジードリンクなどを直前に摂取してしまうと、原料に微量のアルコールが含まれており、アルコール検知器が反応してしまう。[*2] そのため、直前の飲食は控えるというのが業界の常識ではあるが、それでもこれが理由でアルコールを検知されてしまう人もいる。

「いや、昨日の夜に酒を飲んでしまって……8時間は空けてるんですけど……」

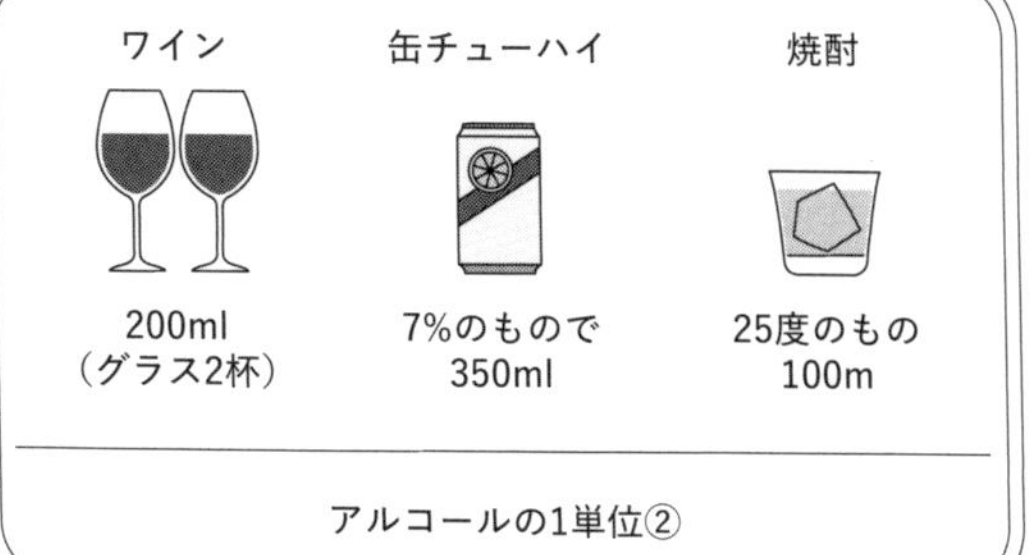

アルコールの1単位②

【＊2】アルコール検知する食品については私のチャンネルの動画でも取り上げている。パン、エナジードリンクの他にスーパーの弁当でも反応した。https://youtu.be/Cr0229D7Mto

それはアウトだろう。ビール500mlのアルコールを分解するのに、一般的に約4時間かかるといわれている。1000mlであれば約8時間で分解できるが、それは理論上の話。アルコールの分解には個人差があるし、前日夜の飲酒は控えるよう運転士には指導している。それでもこの業界は酒好きが多く、少しだけなら……と飲酒してしまい、アルコールの反応が出てしまうというケースがまれにある。早坂さんを乗務させることはできないので、予備勤務の西山さんを呼ぶ。

「今日の8番の勤務ですけど、アルコール検知で欠員が出てしまって……西山さんは8番の勤務をお願いします」

「何だよ、せっかくの予備なんだからゆっくりしようと思ったのによお。誰がアルコールやったの？　早坂？　はあー」

西山さんは、予備は極力待機していたい派のようで、少々不服そうな様子を見せながら乗務の準備を始めた。

アルコールを検知してしまった場合

ひとまず西山さんが代わりに乗務するのでバスの運休は避けることがで

きたが、アルコールを検知した早坂さんは、いつから乗務することができるのか。恐らく早坂さんの場合はあと数時間してから再検査すれば数値は0.00mg/lになるだろう。では最初の4時間を予備の西山さんに任せ、勤務の後半から乗務できるかというと、そうはいかない。多数の乗客を乗せてバスを運転するバス運転士という仕事の性質上、酒気帯び運転は絶対にしてはならない。そのため、アルコールを検知した場合の処分は社内規定で厳しく定められている。[*3]

「そうしたら早坂さんは来たばかりですけど、今日と明日は自宅謹慎の扱いになるので、家に戻って待機していてください。次の出勤は明後日なので間違えないようにお願いします」

そう、アルコールを検知した場合、当日は乗務することができない。それどころか私の勤める会社では翌日も乗務することができないという規定になっていた。この2日分は働いていないので、その分の給料は出ない。遅刻の場合は遅刻した時間分の給料が引かれるのに対して、アルコール検知の処分はとても厳しい。[*4]

今日の勤務は西山さんが代わりに乗務するが、明日の勤務については明

【＊3】ちなみに、運行管理者にはアルコール検査の義務はないので、前日に飲酒をして勤務することもよくあった。私には乗務前にアルコール検査をするという経験自体がなく、運転士の日々の食事やアルコール検査に対するストレスは十分にわかっていなかった。

【＊4】のちに鉄道会社に転職後、車掌となってから私も日常的にアルコール検査を行うことになり、そこで初めて「飲酒してから時間が空いたとしても本当にアルコールの数値が0になるのかの不安」「飲酒をしていなくても、直前に飲み食いしたものでアルコールの数値が出ないかの不安」「まったく身に覚えがないのに機械の誤作動で数値が出てしまい厳しい処分が下されてしまうことへの不安」を感じた。乗務前のアルコール検査は絶対に必要だが、これが精神的な負担になっていることも確かである。

日の予備勤務の運転士に……と言いたいところだが、それでは万が一の予備ではなくなってしまう。今回のようなアルコール検知や体調不良の理由で前日のうちに運転士が出勤できないことがわかっている場合は、運行管理者が代わりに勤務してくれる人を探さなくてはならない。探すといっても、人手不足でもともと休日出勤が多数ある中で、明日が休みの運転士に声をかけて急遽休日出勤できないかを交渉するのだ。明日の運転士が決まっていないこともある職場で、代わりなんて見つかるのだろうか。まずは明日が休みの後藤さんを見かけたので声をかける。

「後藤さん、明日休みのところ申し訳ないのですが、急遽明日の早坂さんの勤務が欠員になってしまって……もし予定がなければ、休日出勤お願いできませんか？」

「えっ明日？　でも早坂さんにはお世話になってるしな……はい、やりますよ」

比較的すんなり代わりを見つけることができた。もしかすると、今回のように誰かの代わりというほうが、心理的に引き受けやすいのかもしれない。しかし、その分、誰が早坂さんの代わりに乗務したというのが明確になるので、早坂さんは今日の予備だった西山さんや、明日に休日出勤をしてくれる後藤さんにはお礼を伝える必要がある。こういった挨拶回りのような文化は古臭い体育会系のような体質にも見えるが、困ったときはお互い様の精神で、円滑に業務を行うためには必要不可欠だろう。

渋滞が発生すると登場する中休予備

バスの遅れの理由として、一番に考えられるのが渋滞だろう。都市部を運行する中央営業所エリアでは、渋滞を理由とした遅れは日常茶飯事で、数分の遅れであれば特に対処することはない。ただ、大渋滞で数十分の遅れとなると話は別だ。中央営業所エリアには大型商業施設がある。土日、特に3連休ともなると、大型商業施設へ向かう車により渋滞が発生する。[*1] この日も3連休の初日だった。

渋滞を予測して中休予備を手配する

朝9時過ぎ、午前中の中休勤務を終えた運転士が立て続けに営業所に戻ってくる。「中休勤務」とはバス会社特有の勤務形態で、朝と夜のラッ

中休勤務は間の9時～16時は「解放」となり、勤務ではない

【*1】駐車場の入場待ちで渋滞が発生するのはもちろんだが、駐車場に空きがあってもその付近で走行する速度が落ちることにより、自然と渋滞が発生することもある、全国的に発生して

シュ時に運行を担当する。具体的には同じ日のうちに、5時頃～9時頃と、16時頃～20時頃の2回に分かれて乗務する。この勤務が存在することで、ラッシュ時に本数を増やして運行することが可能になる。

9時から16時の間の時間は、労働時間ではないため自由である。家に帰って休んでもいいし、逆に営業所の仮眠室で休んでいてもいい。

そんな中休勤務を終えたメンバーのうち、皆川さんに声をかける。

「今日は渋滞が発生しそうなので、中休予備をお願いして良いですか」

「おっ、今日は稼げる日か。いいねえ」

「中休予備」とは、この中休の間の9時から16時を予備として勤務することである。**もともと給料がつかないはずだった7時間分の給料が追加でつくことになるので、中休の間の時間に予定がない運転士にとってはおいしい勤務だ。**異常がなければ7時間待機しているだけで終わる場合もある。

また、遅延などで乗務することがあったとしても、本来の午後の業務がある16時には営業所に戻っている必要があるため、中休予備が実際に乗務する時間は多くても3時間ほど。運転士が喜んで引き受けるのもわかる。

今日はほかに平林さん、高岡さんに声をかけて中休予備3人体制で渋滞に

いる問題だ。ただ、商業施設が起因の渋滞は事前に予測しやすいのと、日中に発生するのでまだ対処がしやすい。

9:00～16:00

休憩	代走	待機	代走	休憩

中休予備の仕事の内訳

挑む。中休勤務は1日に20人ほどいるため、声をかければもっと多くの人数を確保することはできるが、確保すればするだけ人件費がかかる。もちろん極力時刻通り運行するように努めたいが、費用を無限にかけられるわけではない。[＊2] 予備勤務が走らせることのできるバスの車両にも、同じく限度がある。渋滞の予測を立てながら適切な人員を確保するのも運行管理者の大事な仕事のひとつだ。

朝10時過ぎ、予想通り遅れが発生し始める。多くのバスが遅れるが、どのように対処するか。まずは休憩時間が短い勤務の遅れに注目する。運転士の勤務は4時間＋4時間で8時間、間に1時間の休憩となっているが、実際は休憩が1時間15分前後確保されている。[＊3] 多めに休憩を確保することで、もし前半の4時間で15分遅れて車庫に帰ってきたとしても、休憩を1時間に減らせば後半の4時間は通常通り走ることができる。[＊4]

ただ、休憩時間は勤務によってバラバラで、1時間5分しか休憩がないダイヤもある。例えば18番の勤務がそれだ。前半の4時間で桜原駅〜関東大学を3往復するが、2往復目の途中ですでに15分遅れている。このままでは3往復を終えても6分以上遅れるのは確実だ。そこで18番勤務の武内

【＊2】あまりにも中休勤務を確保しすぎると本社から指摘が入る。

【＊3】8時間以上の労働に対して1時間以上の休憩を確保することが義務づけられている。

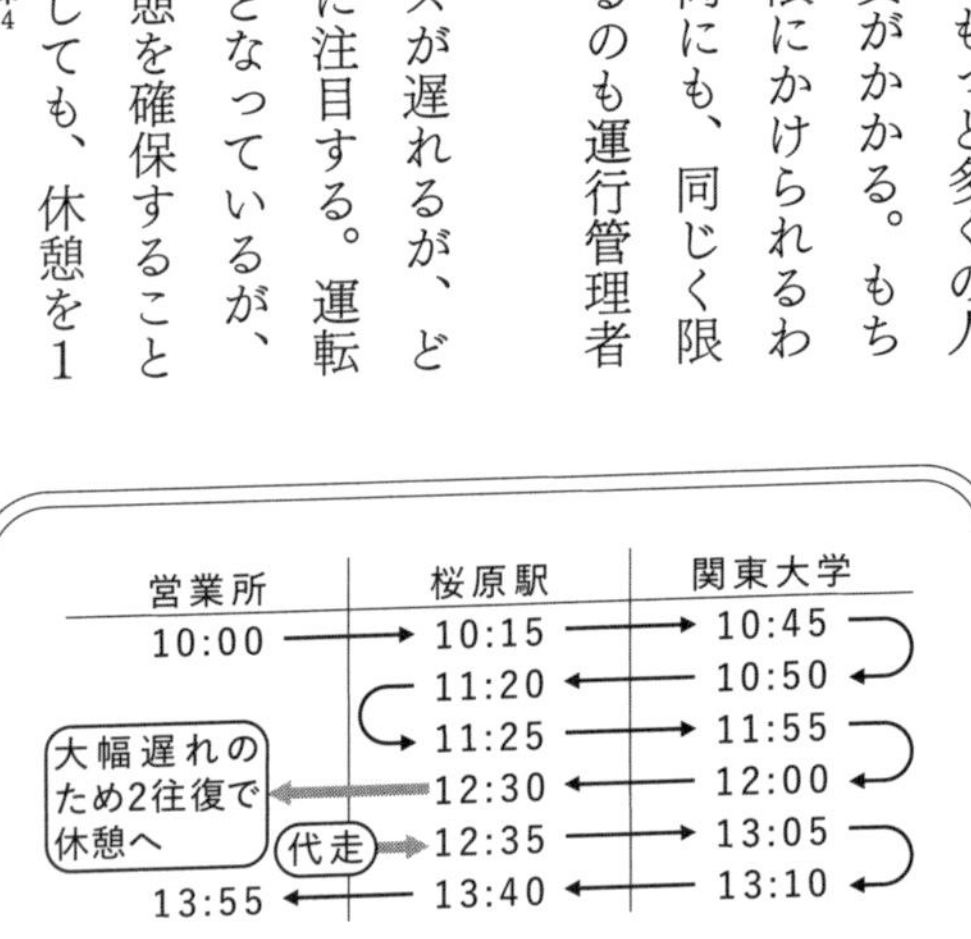

3往復の経路を2往復で休憩にし、3往復目を代走にする

さんに連絡を入れる。
「このままだと休憩が1時間を下回ってしまうので、2往復目を終えたら営業所に戻ってください」
同時に、中休予備の皆川さんにも声をかける
「18番勤務の3本目をお願いします。車は41号車を使ってください」
これで、武内さんの休憩時間を確保しつつ、遅れていた18番勤務の3往復目は新たに営業所から皆川さんのバスを出すので、定時で出発することができる。こういう場合は早めに対処することが肝心で、[*5]今回は18番勤務の前半の3往復を2往復にすることで休憩を確保できた。事前に対処できないと、遅れた状態で3往復を終えて車庫に戻ってきてしまう。それでも後半4時間の3往復を2往復にすることで休憩時間は確保できるが、前半の3往復目を定時で走らせられないうえに、中休予備が早い時間帯に待機しているだけになり、フル活用できなくなってしまう。[*6]
このような流れのため、遅れているバスと遅れていないバスが混在する形になるので、乗客からすれば運行間隔がかなり開くように感じることもあると思うが、中央営業所ではこれ以上の遅れの対処は難しかった。

【＊4】詳しくはp.60の「運転士の残業事情はなかなか複雑」を参照していただきたい。

【＊5】感覚としては遅れに対応するというよりは、運転士の休憩時間確保のために対応するという状態になっていた。

【＊6】代走の回数は状況によるが、たいていは1回、多くて2回程度。

振替輸送で団結力を感じる

連休時の渋滞のように事前にある程度わかる遅れもあるが、突発的に発生する遅れもある。ある日の20時頃、営業所の電話が鳴る。

「こちら町田鉄道の指令室ですが、先ほど浦沢駅で人身事故が発生しまして、運転再開まで1時間前後かかる見込みです。混雑してしまって申し訳ないですが、振替《ふりかえ》輸送をお願いします」

中央営業所の多くの路線は駅から住宅街に向けたものである。だが、駅~住宅街だけを結ぶ場合、時間帯によって上下線で利用者の偏りが大きく、効率が悪い。そのため、駅~住宅街~駅と、2つの駅を結ぶ路線も多く存在する。そのうちのひとつ、横浜鉄道の桜原駅から町田鉄道の浦沢駅までを結ぶ路線も当営業所の主力路線だ。ここで運転士から連絡が入る。

「58番勤務の酒井ですけど、浦沢駅行きの乗り場がすごいことになってますよ。列が駅の階段まで伸びてて、これじゃあいつまで経っても乗り切れないですよ」

「情報ありがとうございます。いま町田鉄道が人身事故で止まっていて、何とか臨時で増便できるよう手配します」

町田鉄道が止まっているとなると、電車が止まっている浦沢駅からの乗客が殺到しそうだが、逆である。電車が止まっていると、バスを利用したい人も電車で駅までたどり着けないので、浦沢駅から乗ろうとする人は少ない。問題は桜原駅側だ。

鉄道の振替輸送を使ったことがある人は多いだろう。別の路線を使って迂回《うかい》して目的地まで向かえる制度だ。そして今回のように、町田鉄道が止まっている場合に、東京都心から浦沢駅付近に至る最短ルートが桜原駅でバスに乗り換えるルートなのである。つまり、普段桜原駅からバスで帰る乗客は変わらずいるうえに、振替輸送で浦沢駅まで乗りたい人もプラスされるため、桜原駅がキャパオーバーにもほどがある状況になるのは目に見えている。まだまだ時刻は帰宅ラッシュの後半戦、普段でも立ち客が多数

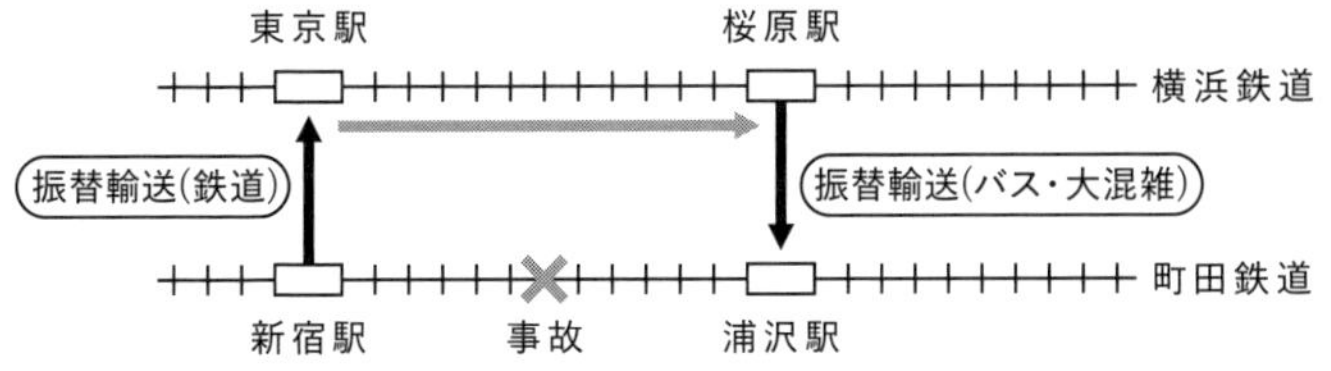

町田鉄道が止まり、桜原駅からのバスに乗客が殺到

いる路線だ。

まずは運転士へ一斉に「町田鉄道が人身事故、振替輸送受託《じゅたく》」というメッセージを送る。[*1]

次に増便の手配だ。予備の勤務の者を活用すればいいと思うかもしれないが、実は夜20時以降の時間帯は予備がいない。これ以降の時間帯であれば、夜ラッシュの勤務を終えた運転士が順次退勤していくので、必要に応じてその場で残業を依頼すればいいためだ。とはいっても、ただでさえ長時間労働なのに、勤務を終えて帰ろうというタイミングの運転士に残業を依頼するのは大変心苦しい。それでもここは、何としてもバスを走らせる場面だろう。まずは近くで帰る支度をしていた浅見さんに声をかける。

「浅見さん、本当に急で申し訳ないのですが、桜原駅から浦沢駅を1往復だけお願いできないでしょうか。振替輸送ですごいことになっていて……」

「それはまずいね、もちろん引き受けるよ」

まずは1名確保することができた。しかし溢れかえる乗客をさばくためには全然足りない。続いて西山さんに声をかける。西山さんは残業を極力したがらないので断られるだろうし、文句も言われるかもしれない。しか

【*1】運行中の運転士全員に情報を伝達したい場合、運転席付近の機器にメールのような感覚で文字を表示させる機能がある。これを活用すれば個別に連絡しなくて済む。

しここは人を選んでいる場合ではない。恐る恐る声をかけると、

「それは大変だな。まあお前にも世話になったしな、[*2]よし。やるよ」

と引き受けてもらうことができた。まだまださばききれないほど駅にはバスを待つ人がいるようなので、この調子で運転士に声をかけ続けていく。すると意外にも、声をかけたほとんどの運転士が協力してくれ、12名の運転士を確保できた。順次増便のバスが桜原駅に向かっていく。そうすると、10台目を運転している平林さんから連絡が入り、

「このバスで桜原駅の列は解消されて、バス停で待っている人はいなくなりました」

とのこと。少し前には町田鉄道の運転再開の連絡も入っている。何とかこの振替輸送の場面で最大限の輸送を提供することができた。いつも休日出勤をお願いすると運転士たちに渋い顔をされることが多く、今回も断られ続けることを想定していたが、運転士たちの「**本当に大変なときは団結して全力でバスを動かす**」という熱い思いを感じた。[*3]私は退職する直前だったこともあり、「なんだかんだ、いい仲間に囲まれた職場で働いていたんだな」と目頭が熱くなった。


【＊2】この経験は私が退職する直前の出来事だったので、余計に手伝ってやろうという気持ちになったのかもしれない。

【＊3】もちろん休日出勤と違い、1〜2時間ほどの残業で済むということもあるだろうが、ありがたい出来事だった。

事故発生！そのとき運行管理者は

時々バスの事故がニュースで報道される。事故の映像を見ると、バスに乗ることが不安になるかもしれない。自動運転の研究は進んでいるものの、他の車や歩行者が通行する公道上を走るうえ、大部分を運転士の注意力と能力に依存して走行する路線バスには事故はつきものだ。ただ、統計を見ると、乗合バスの走行1億kmあたりの事故件数は33・8件となっている。[*1] これは295万kmの走行で1件事故が発生するということである。死亡事故となるとさらに減少し、約3億kmの走行で1件の確率だ。こう聞くと、思ったより少ないのではないだろうか。私も自分が乗車しているバスが事故に遭った経験はない。

【＊1】国土交通省 事業用自動車の交通事故統計（令和3年版）
https://www.mlit.go.jp/jidosha/anzen/03analysis/resourse/data/r04-1.pdf

事故発生時の対応

「こちら運行番号15番の後藤です、今よろしいですか」

運転士から連絡が入った。声のトーンから、何となく悪い知らせの予感。

「緑台8丁目のバス停に停車中に乗用車に追突されてしまって……軽くなので怪我人はいません」

「わかりました、警察にはこちらから通報するので、お客さまには後続のバスに乗り換えてもらうよう案内してください」

非常に低い確率とはいえ、私の勤める中央営業所では1日あたり数万kmもの距離をバスが走行するので、1ヶ月に1件前後は事故が発生している。とはいっても、テレビで報道される車が大破するようなものではなく、軽微な事故が大半だ。また、こちらに責任がないもらい事故も多い。ただ、軽微な事故であったとしても、必ず警察を呼んで現場検証を行う必要がある。また、乗客に負傷者がいないか確認し、負傷者がいれば連絡先をうかがい、保険会社を通して治療費のやりとりを行う必要もある。そのため、運行中のバスであっても、基本的にはその場で運行は中止となる。しかしそれでは乗客が困ってしまうので、運行管理者が代替のバスの手配を行う。

「酒井さん、15番が事故に遭ってしまって、代走をお願いします。車は13号車を使ってください」

本日予備勤務の酒井さんを呼ぶ。[*2]

「今回の代走ですけど、緑台8丁目で事故が起きていますが、まず桜原駅まで行って、桜原駅11時25分発の便から運行してください」

酒井さんに今回の運行に関する指示を出す。本来は営業所から代わりのバスを出して、当該の緑台8丁目バス停から終点の桜原駅までの運行を引き継ぐべきだ。

しかし、この緑台8丁目バス停は営業所から車で20分ほどの位置にある。さらにこの代替運転士の手配をするのに10分ほどかかり、緑台8丁目バス停に着く頃には事故から30分は経ってしまう。この区間はバスが多く走っており、10分もすれば後続のバスが到着する。**そのため、事故の当該車両に乗車していた乗客は後続に乗り換えてもらうのがもっとも合理的**となる。

もちろん、すぐに後続が来ないような本数が少ない路線であれば、事故現場のバス停から代走のバスを運行する。

【＊2】 予備勤務というのは、まさしくこういった事態に備えて待機している要員のことで、何事もなければ待機しているだけで給料が入る。運転士からしたらおいしい仕事だ。鉄道の乗務員にも同様に予備勤務が存在するが、鉄道では予備勤務が実際に乗務することは滅多にない。バスは鉄道に比べて事故や遅延が多く、予備勤務が乗務する場面は多々ある。

代走バスの手配

では、後続便が来るのになぜ桜原駅にバスを手配したのか。この事故に遭った15番の運行は、営業所を出てから桜原駅〜緑台団地を3往復して営業所に戻る運行の1往復目で、まだ営業所を出てから1時間ほどしか経っていないタイミングだ。まだこの先に2〜3往復目の運行がある。これを30分遅れで緑台8丁目から代走してしまうと、**2〜3往復目も30分遅れになってしまう。**それなら営業所に近い桜原駅に先回りする形で代走バスを手配し、2〜3往復目は定刻通り運行できるというわけだ。

警察の現場検証が終わると、バスは回送で営業所に戻る。時間的には事故車の運転士である後藤さんが3往復目を運行できそうだが、事故の報告書を営業所で作る必要があるので、3往復目も引き続き予備の酒井さんにお願いする。また、バスの車体については、小さい傷や凹みならそのまま走らせるが、大きいものは修理が必要となる。修理するとなると、その期間はその車両が使えなくなるため、それ以降の車両の勤務表も考え直しとなり、運行管理者が頭を抱えることとなる。[*3]

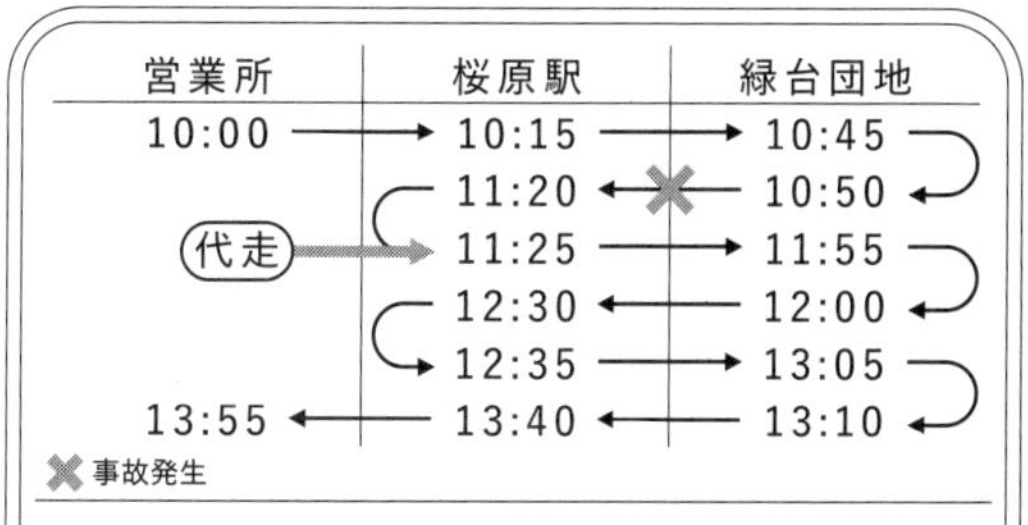

2〜3往復目より前に代走バスを出す

【*3】p.64「バスの車両にも勤務表がある」を参照していただきたい。

故障発生！バスが動かない！

事故があるとバスはその場で運行打ち切りとなり、代車や後続に乗り換えてもらう必要があるが、車両故障が起きた場合も同様の対応となる。とはいえ、走ることができる故障の場合は直ちに代車を手配せず、営業所に戻ったタイミングや、起終点の桜原駅で車両を交換する手配をする。

故障①運賃箱が故障している

この場合は運賃の収受はできないが、走行するぶんには問題ない。今やＩＣカードでバスを利用する人が大半だ。なので、一部の現金で利用したいという方のみ、次回乗車する際に今回のぶんを支払ってもらうよう案内して運行を継続する。

故障②乗降用の扉の動作が遅い

通常は2秒ほどで扉は開け閉めできるが、倍以上の5秒くらいかかってしまうということもあった。これも多少乗降に時間がかかってしまうが、営業所に戻ってきてから対処で大丈夫だろう。

故障③シフトチェンジができない

さらには、マニュアル車のシフトチェンジが2速しか入らず、3速以上にできないということもあった。これはできることならすぐに対処したい。

ただ、その場で運行を中断すると、乗客は後続に乗り換える必要がある。このときは終点の桜原駅まで何とか2速で運行を続けてもらう。少しずつ遅れが拡大していき[*1]、担当した運転士からするとプレッシャーだったと思うが、何とか乗客を目的地に送り届けることができた。

故障④バスが動かない

バスの故障というのはこのように、直ちに運行ができなくなることは少

【＊1】2速と3速では、3速のほうがスピードが出るので、3速にシフトチェンジができないと徐々に遅れが発生してしまう。

ない。ただ、もちろんそうではない場合もある。運転士から連絡が入る。

「32番勤務の村崎ですけど、さくら公園前バス停で急にバスが動かなくなってしまいました」

車両の不具合のため、整備士に電話を代わってもらう。運転士へ電話で詳しく状況を聞き、応急処置をいろいろと伝えて試してもらうものの、状況は変わらず。10分もすると後続がやってくる路線のため、今回は運行の継続は不可と判断。乗客は後続に乗り換えてもらうよう案内した。

ただ、ここからが問題だ。軽微な事故で運行を中断した場合であれば、現場検証が終われば自走して営業所に戻ってくることができる。しかし、今回はバスがまったく動けないため、その手は使えない。そうなると、レッカー車を手配するということになる。ただ、このレッカー移動も乗用車ならまだしも、大型のバスをけん引できるものとなると数が少なく、到着まで時間がかかるうえに料金も高額だ。どうすべきか考えていると、先輩運行管理者の石塚さんが、

「これはけん引だな、綿貫はけん引見たことないよな？　一緒に行くぞ。準備しよう」

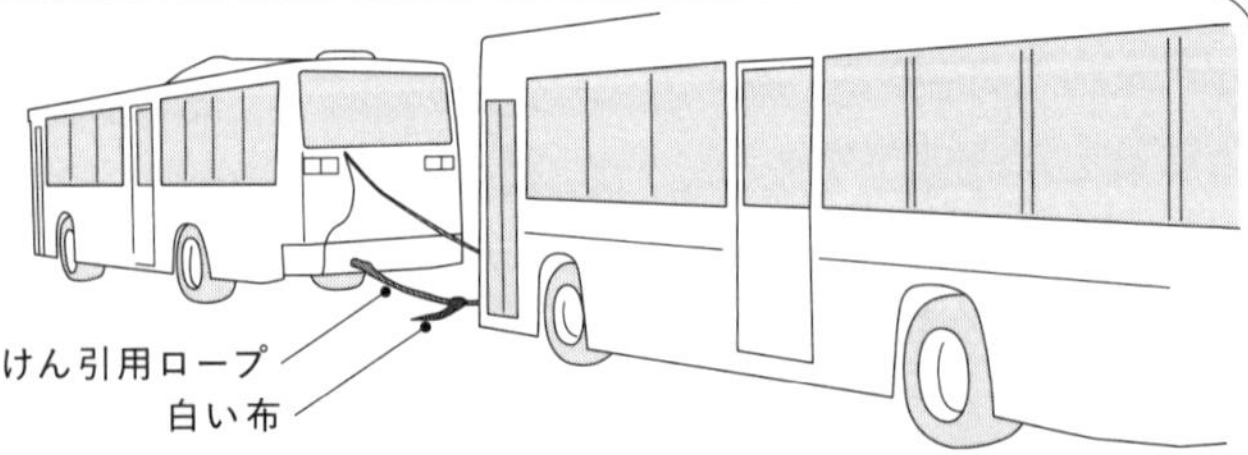

故障したバスを別のバスがけん引する

そう、**ほかのバスが故障したバスをけん引することにより、レッカー車に頼らずとも故障車を営業所まで戻すことができる**のだ。幸いにも日中の時間帯だったため、営業所の運行管理の仕事は残業で職場に残っていたほかの運行管理者に任せ、自分は現場へ行くことになった。

こういった直ちに運行を中断する故障は滅多に発生しないが、それでも毎日延べ何万kmもバスを走らせていれば、どうしても発生することはある。そのときに備えてけん引用のロープは営業所に準備されている。予備で待機していた運転士の武内さんにけん引用のバスを運転してもらい、手の空いている運行管理者や整備士を連れて現場へ向かった。

現場に到着。バスは乗客を全員降ろし、ハザードランプを点滅させて止まっている。見るからに故障中という雰囲気が漂う。駆けつけたメンバーで打ち合わせを行い、ロープを繋いで着々とけん引の準備を進めていく[*2]。私は経験が浅く、見ていることしかできなかったのがもどかしい。石塚さんに声をかけられる。

「最後に綿貫に重大な任務を与えよう。故障車の最後尾の座席の窓からこの赤色旗を出して、周囲の車に注意を促してくれ」

【＊2】 11ｍのバス2台＋ロープ3ｍ程度で25ｍほどになる。道路交通法上、けん引車と故障車の間隔は5ｍ以内で安全な間隔をあける、ただし全長は25ｍ以内、となっているので、11ｍのバスだとこれが限界ギリギリの距離。

これはけん引する場合に必須の手順ではないが、できるなら行ったほうがいいだろう。また、運転士の武内さんと村崎さんも入念に打ち合わせを行っている。けん引される側もハンドルやブレーキの操作をする必要がある。滅多にないけん引されるという状況の中で、操作を誤るとけん引するバスに追突したり、カーブで接触事故を起こしてしまったりという可能性も十分ある。携帯電話のハンズフリー通話を繋ぎっぱなしにして、*3 ついにけん引を開始する。

スゥッ……。ゆっくりと、故障したバスがけん引されて動き出した。明らかに自車の動力で動いていない、独特の引っ張られる感覚がある。教習所で故障車をけん引する場合について習うが、まさか実際にけん引されるバス車両に当事者として乗るとは思いもしなかった。レッカー車以外が故障車をけん引している場面なんて、私は他に見たことがない。ゆっくり走行するので、もちろん後ろには車の列が伸びて渋滞気味になっていく。私は指示された通り、最後尾から赤色旗を出し、後方に異常がないか注意をはらう。路肩にスペースがある所では運転士と打ち合わせのうえ、追い抜いてもらうよう後続車に合図を送る。周囲の車にはかなり迷惑をかける結

【*3】入念に状況を伝え合えるようにするためだ。

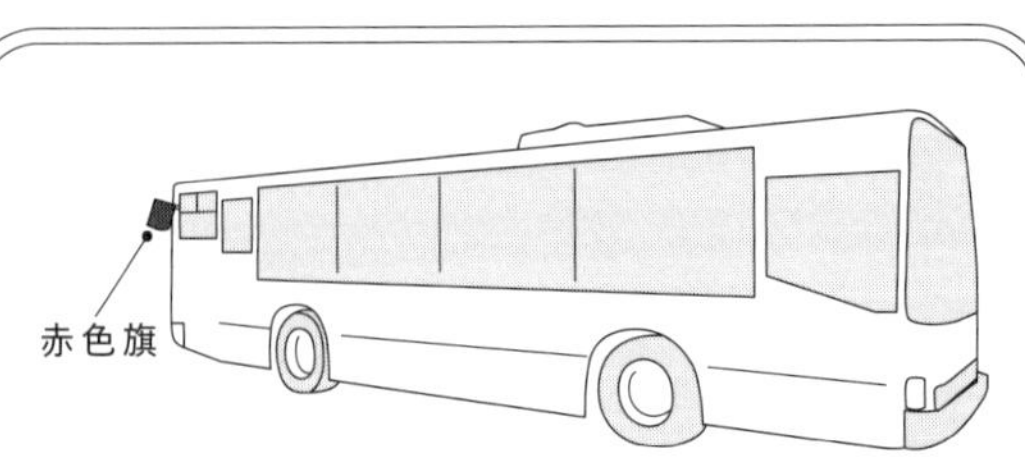

最後尾右側の窓を開けて赤色旗を出し続ける

果になっているので、暴言のひとつやふたつ浴びても仕方ないな、と覚悟していた。対向車の運転士が声をかけてくる。

「大変だと思うけど頑張って！」

この一人だけではない。暴言を吐かれるどころか、多くの方から応援の声をかけてもらった。どうしてもバスの運行管理をしていると、乗客やほかの車のドライバーからは苦情を言われることが大半で、お褒めやねぎらいの言葉をいただくということはほとんどない。サイレント・マジョリティという言葉がある。多数派はいちいち声をあげないという意味の言葉だ。まさにそれを痛感した。苦情を言われることは多々あるが、本当は多くの人がバスを好意的にとらえてくれている。ただ声にしないだけだ。そんな人たちの支えもあって、バスの運行は成り立っている。それを忘れないようにしようと肝に銘じた瞬間だった。バスは無事に営業所にたどり着き、整備士の手によって見事に息を吹き返した。

マルチタスクが求められる通行止め対応

車が渋滞にはまった場合は、近道を通ってショートカットすれば少し所要時間が短縮できるかもしれない。しかしバスの場合、もちろん勝手にそんなことはできない。基本的には事前に届け出たルートのみ走行が認められている。ただ、何事にも例外はある。走行予定の道路が通行止めになっている場合もそのひとつ。運転士から連絡が入る。

「27番の古橋です。みどり小学校のバス停にいますが、今いる一方通行の通りが火災で通行止めになってます。解除までは時間がかかりそうです」

広い道であれば、事故などがあっても1車線を規制するだけで済むかもしれないが、よりによって一方通行の道だ。[＊1] 古橋さんのバスは運悪く、通行止めになるタイミングで一方通行に入ってしまった。バックすればもと

【＊1】 バスは地域の細かい需要を拾うために、幹線道路を外れて一方通行路にバス停を設置することは意外と多い。みどり小学校経由の系統もそのひとつ。

のルートに復帰できるかもしれないが、バスは事故の危険性があるので原則誘導なしでバックすることはできない。ほかの乗用車は狭い脇道《わきみち》に抜けて迂回していったが、バスはこの狭い道で右左折することもできない。結局、古橋さんのバスには通行止め解除までその場にとどまってもらい、乗客には近くの通行できるバス停から後続に乗り換えてもらうこととなった。

しかし、これで終わりではない。このバスの本数は約10分間隔。そう、後続のバスが続々と10分間隔で到着してしまうのだ。通行止めの開始地点には誘導の警察官がいるかもしれないが、だからといって後続のバスの運転士は独断で迂回してはならない。**運行管理者が迂回の指示を出して初めて運転士は迂回することができる。**ただ、この時の私は実は運行管理の担当になってまだ3日目で、何からやるべきかわからず頭が真っ白になっていた。この日一緒に運行管理者として泊まり勤務をしている石塚さんが、

「まだ何もわからないだろうから、俺が運転士に指示を出すよ。その他の仕事は任せたよ」

と助け舟を出してくれた。石塚さんの動きは的確だった。

10分間隔でバスが一方通行に差しかかる前に、運転士に迂回の指示を出す。

「29番の木島さん。もうすぐみどり小学校の一方通行に入ると思いますが、火災で通行止めになっているのでさくら公園経由に迂回してください」
「予備勤務の平林さん。渋滞で遅れているので、33番勤務の緑台団地行きを1往復お願いします」

通行止めがあるということは、その道路が通れないのはもちろんだが、迂回する車で周辺の道路も渋滞が発生する。自然とほかの系統のバスにも遅れが波及し、運転士の休憩時間が1時間を切る状況も頻発する。[*2] さらに、
「予備勤務の星野さん。みどり小学校の一方通行が通行止めになっているのですが、その先のみどり郵便局からは通れるので、臨時にみどり郵便局始発でバスを走らせてください」

そう、通行止めになっている区間はどう頑張ってもバスを走らせることはできないが、問題は通行止めを出た先の区間。通行止めの手前から迂回したとしても、どうしても「**通行止めではないけどバスが来ないバス停**」が発生してしまう。鉄道であれば、無人駅であっても駅の放送設備で遅れや運休の案内をできるが、バス停にはそういった設備はない。手前の道が通行止めなのでバスが来なくても仕方ないが、何が起きているかわからず

【*2】 詳しくはp.84の「渋滞が発生すると登場する中休予備」に書かれている。この状況だと極限まで予備勤務をフル稼働したとしても、休憩が1時間未満となるのは避けられず、運休にせざるを得ない便もあるだろう。それでもできる限りバスを走らせるのが運行管理者の務めだ。

にバス停で困っている乗客もいるかもしれない。だからこそ石塚さんは乗客が待ちぼうけにならないよう、臨時に増便する指示を出していたのだ。

指示を出し続け、2時間近くが経過したところで、

「27番の古橋です。やっと通行止めが解除されたので、回送で営業所に戻ります」

ほっと胸を撫で下ろした。これで迂回の指示を出す必要がなくなる。徐々に遅れも解消され、その後1時間ほどでほぼ定刻での運行に戻った。

無事に修羅場を乗り越えることができて良かったが、運行管理経験3日目の私にはこの状況は衝撃的で、ただただ横で指示を出している石塚さんを見ていることしかできなかった。石塚さんの姿は格好良かったが、自分もこんな動きができるようになるだろうか。

鉄道会社であれば、ダイヤ乱れを戻す指示をするのは指令所、どの時刻の列車に誰が乗務するかを指示するのは乗務区と、異常時の仕事が分担されている。しかしバスの運行管理者は、この指令所と乗務区の役割を両方こなさなくてはならない。運行管理者にはマルチタスクが必要、と思い知らされる一日だった。*3

【*3】さらに問い合わせの電話がかかってきたら対応する必要もあり、その時は1人3役だ。

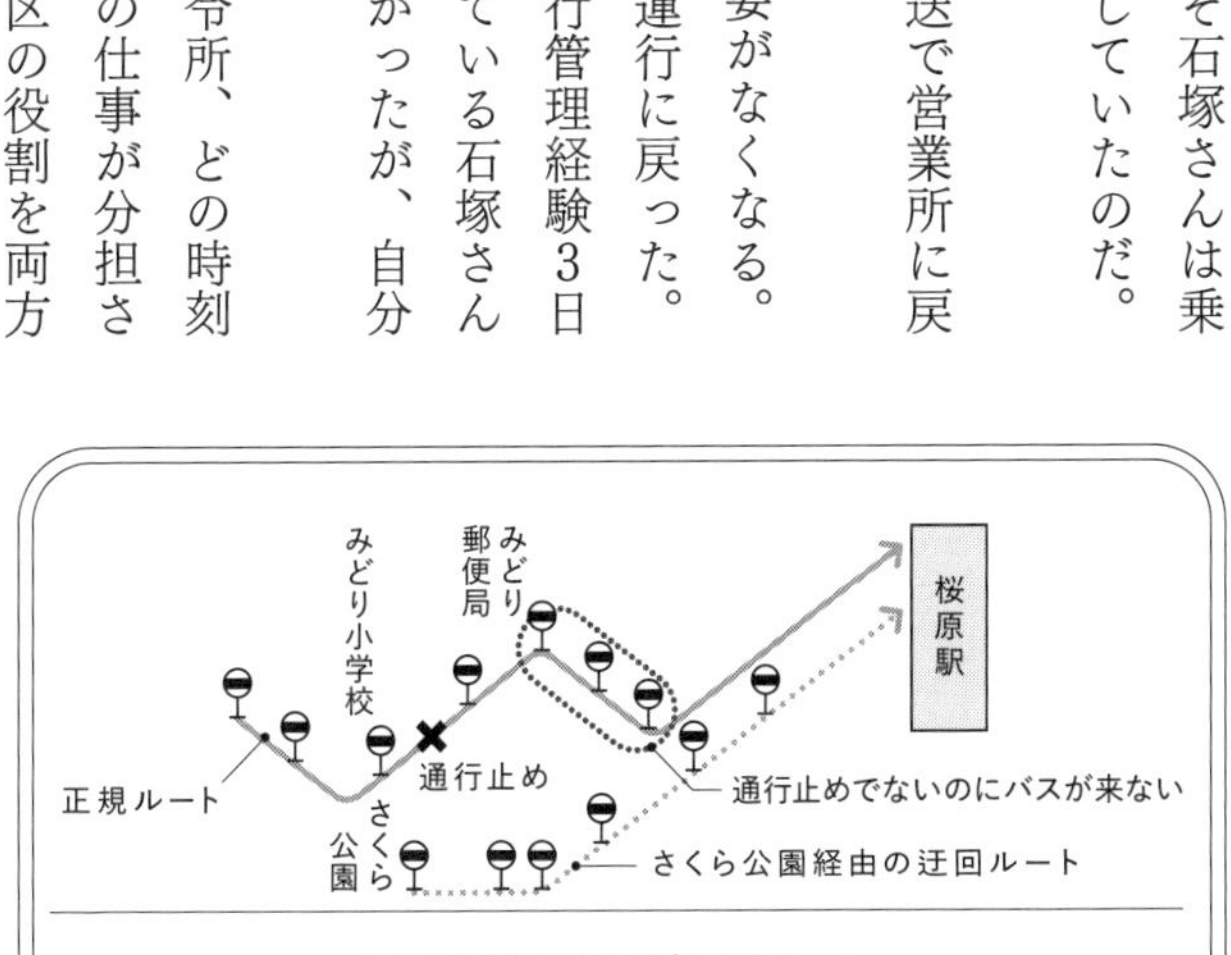

通行止めが発生した場合の迂回ルート

バス停にいたのに無視された？

遅れ以外にもトラブルは発生する。バス停でバスを待っていたのに、いざバスが来たと思ったら通過していってしまう「バス停通過」もそのひとつ。私は大学生の頃、実際に乗客としてバスに乗ろうとした際に通過されてしまった経験がある。その時の状況はこうだ。T字路の「｜」の部分にバス停が設置されており、T字路の「一」の部分からバスがやって来る。バスが接近してきたが、そのタイミングで私の目の前を大型トラックが左折しようとやって来た。バスから見たら私はちょうどトラックの陰に隠れて死角になっている。とはいえ、運転士もここにバス停があることは知っているだろうから、バスは減速して私の姿を確認するだろう。と楽観的に構えていると、「ゴオオオオ」バスは減速することなく、走り去ってし

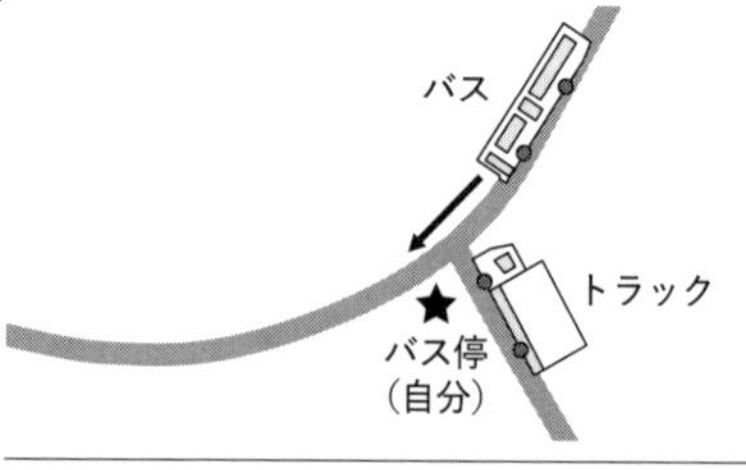

T字路の交差部分で大型トラックが左折。
バス停がトラックの死角になった

まった[*1]。運転士の不注意で通過してしまったのは確かだが、運転士も人間だ。一瞬意識がほかの所に向いてしまえば通過してしまうこともある。バス停が死角になっていればなおさらだ。地域によっては、バス停に「ご乗車の際は手を挙げて運転士にお知らせください」と書かれていることがある。これはバス停で待っている人が乗る意思があるかどうかを確認したいのはもちろんだが、**挙手《きょしゅ》という動きで人が待っているということに運転士が気づくため**という意味もある。地方の路線だと「バス停が設置されているものの、そこから乗車する人は一度も見たことがない」という場所も結構ある。運転士は乗客がいないものと無意識で思い込み、通過してしまうことも。そういったバス停から乗る場合や、駐車車両などでバス停が死角になっている場合は、挙手で運転士に乗車の意思を示すのがいいだろう。

バス停付近を歩いていても乗客とわからない

では、バス会社はこのような時にどんな対応をするのだろうか。運行管理者時代の経験はこうだ。

営業所の電話が鳴り、電話の主がいきなり怒鳴りこんでくる。

【＊1】運悪く1日4本しかバスが走っていない地域で、このバスに乗れないと目的地に着けないという状況であったが、当時はどうしていいかわからず、旅程を変更するしかなかった。

「ちょっと、みどり小学校のバス停でバスを待ってたら通過していったんだけど！　お前のところのバスはどうなってるんだよ！」

「大変申し訳ありません。営業所から車で向かわせていただきます。ただ、10分後に後続のバスが来ますので、後続のバスが先に来たらそちらをご利用ください」

「次まで待てとか馬鹿にしてんのか？　もういいよ！」

　とはいえ、乗客を救済するために、営業所の社用車を使って現地に向かうことが精いっぱいだ。[*2]　1時間に1本以下程度の本数が少ない路線であれば、実際に社用車に乗客を乗せることになると思うが、本数の多い区間であれば、後続のバスに乗ってもらうのが結局もっとも早く目的地に着く結果となる。恐らく今回の乗客も後続のバスに乗ったことだろう。

　一方で、乗客の申告が100％正しいわけでもない。苦情の電話を受けた時点では、バス停の映像を確認できないため、素直に話を聞くしかない。その後、バスが営業所に戻ってきたら、担当していた運転士に話を聞く。

「30分ほど前に、みどり小学校のバス停で待っていたのに通過されたという苦情があったのですが、覚えはありますか」


【＊2】後続に乗ったほうが早いのに、わざわざ社用車で向かいますと案内する理由は、少しでも誠意を見せる姿勢を出してさらなる苦情を防ぐためである。

「えっ、その時は待ってる人いませんでしたよ。本当にわからないです」

とはいっても、何もないのに苦情をでっち上げるというのも、可能性はゼロではないが考えづらい。ドライブレコーダーの映像を確認してみると……確かにバス停で待っている人は誰もいない。よく映像を見ていると、バス停のかなり手前の歩道を、やや早歩きで歩いている人の姿が見える。恐らくこれが苦情の主だろう。バスに向かって手を振りながら走っているならまだしも、これはただ歩いている歩行者とまったく見分けがつかない。

利用者の中には、バス停付近を歩いていればバスに乗る人だと運転士が認識してくれ、バスが停まってくれると思い込んでいる人も結構いる。しかしそれでは、歩行者が多い場所では常に「この歩行者も乗ろうとしている人かもしれない」となってしまい、一向に発車できない。だからこそ、バス停の手前を歩いている途中でバスが来てしまったら、走る素振りや挙手によって運転士に乗車の意思を伝えることが重要だ。[*3] ほかにも、バス停の近くにいるものの、バスが接近しても後ろの方を向いていたり、ドアを開けてもスマホに夢中でバスに乗ってこなかったり……。せめてバスが来たことに気づくように、少しでもバスの存在に意識を向けてほしいのが率直な思いだ。

【＊3】 もちろん、バスが着く前にバス停で待っていることが大原則である。あまりにもバス停の手前を歩いている状態で合図をされても、運行に支障があると運転士が判断すれば通過し、後続を利用していただくことになる。

バスが早発してしまう

先ほどは「バス停通過」を取り上げたが、似たトラブルに「早発《そうはつ》」がある。文字通り、**バス停に書かれた時刻より早くバスが発車してしまうこと**である。早発は法令違反ではあるが、バスは他車が存在する道路を走る乗り物であるため、発生してしまうことは時々ある。[*1]

バスの運行ダイヤを組むにあたって、各停留所間の所要時間を短めに設定すれば早発することはない。しかし、そうなると簡単に大幅に遅れるダイヤとなってしまい、利便性を損ねる。そのため、渋滞する交差点や踏切を通る場面で多めに所要時間を計算してダイヤを組む。こうすれば、実態に見合った時刻で運行できる可能性は高まるが、早発のリスクも発生する。バス停に早めに着いた場合に長時間停車して時間調整できればいいものの、

【＊1】 法令違反となっているものの、直ちに罰則があるわけではなく、国土交通省から「勧告」および「警告」がなされる。

道路に切《き》り欠《か》きがなく、時間調整をしてしまうと後続車の進行を妨げることになってしまう場面も多々ある。そうなると、もはや進むしかない。この状況で早発を避けるためには、今日は道が空いていそうだと思ったら、所要時間が多めに設定されている停留所のだいぶ手前から少し遅めに走る。運転士の判断でできることはこれしかない。または、ダイヤを組む時点で時間配分を見直し、時間調整のために長時間停車しても問題ないバス停で多めに時間をとる。この二択である。ただ、ダイヤ上の時間配分を変更したとしても、スムーズに進んだ場合にはそこで時間調整が必要なので、早発が発生する可能性は残る。

万が一早発によりバスに乗れなかったという苦情があった場合は「バス停通過」の場合と同じく、社用車で対応または後続を案内することとなる。

早発も遅れも防ぐには

早発をなるべく発生させないようにしつつ、遅れも発生させないためのダイヤの組み方として、「**終点のひとつ手前から終点までの一区間の所要時間だけ多めにとる**」という方法がある。これは普段バスを使っていると

バスが停車するためのスペースを切り欠きと言う

気づかないかもしれないが、各地で行われているメジャーな方法である。

例えば、つくばエクスプレスの八潮《やしお》駅から常磐《じょうばん》線の綾瀬《あやせ》駅へ向かうバスがある。Googleマップで八潮駅から綾瀬駅までバスでのルートを調べてみると、何と綾瀬駅の手前である綾瀬五丁目バス停で下車し、10分ほど歩いて綾瀬駅へ向かうよう案内が出る。実はこれが近道になっている最短経路なのかというと、そんなことはない。スムーズに走ればバスで3分もあれば着く距離だ。ではGoogleマップの誤作動なのかというと、それも違う。

バスの停留所ごとの時刻表を見てみよう。八潮駅15時45分発、終点の綾瀬駅に16時27分に到着するものを確認する。この系統は基本的に1停留所につき1分、まれに2分を所要時間として計算しているが、最後のひと区間、綾瀬五丁目～綾瀬駅に関しては19分の所要時間となっている。*2 このひと区間を走るのに19分かかるのではなく、ここにたどり着くまでに平均して15分前後遅れるということだろう。このダイヤの組み方であれば、まず途中の停留所で早発することはない。しかし、始発の八潮駅から離れれば離れるほど、バスが遅れて到着する可能性は高くなる。それでも、15分遅れて綾瀬五丁目を発車しても、最後は19分所要時間が取られているため4

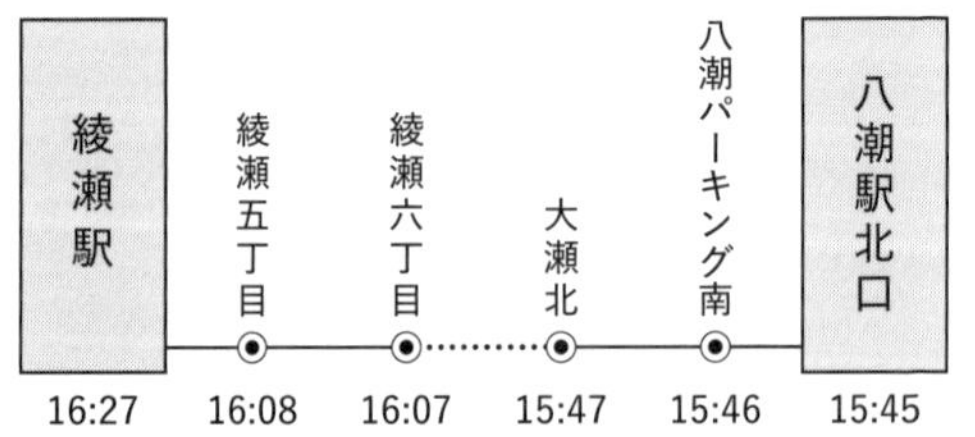

八潮駅北口から綾瀬駅の時刻表(抜粋)

【*2】ただし設定される所要時間は時間帯によって異なる。

分以内に終点の綾瀬駅に着けば遅れなしでの到着となる。

ちなみに、もしスムーズに運行ができて途中の停留所を時刻通り通過していくと、終点の綾瀬駅には15分早く着くことになる。これは早発ではないのか？　と疑問に思うかもしれないが、終点に早く着くぶんには早く発車しているわけではないので問題ない。それなら最後の区間の所要時間を19分も取らずに3分にしてしまえば、と思うかもしれないが、そうすると時刻通りに終点に着かないことが頻発してしまい、使いづらくなってしまう。この系統は終点の綾瀬駅で下車する人が大半と思われる。**それなら終点の時刻だけを現実的な時間に合わせておけば、途中停留所を早発することなく、終点に時刻通り着くダイヤが組める**というわけだ。

ただ、Googleマップは大変便利なので検索結果の通りに行動する人は多いだろう。今回の綾瀬駅の例でも、綾瀬五丁目で降りて歩くように表示されるため、普段あまりバスを利用しないと思われる乗客が実際に綾瀬五丁目で降り、そのままバスを追いかけるような形で歩いて行く人の姿をよく見かける。バスの行先が目的地であれば基本的には終点まで乗った方がいいだろう。

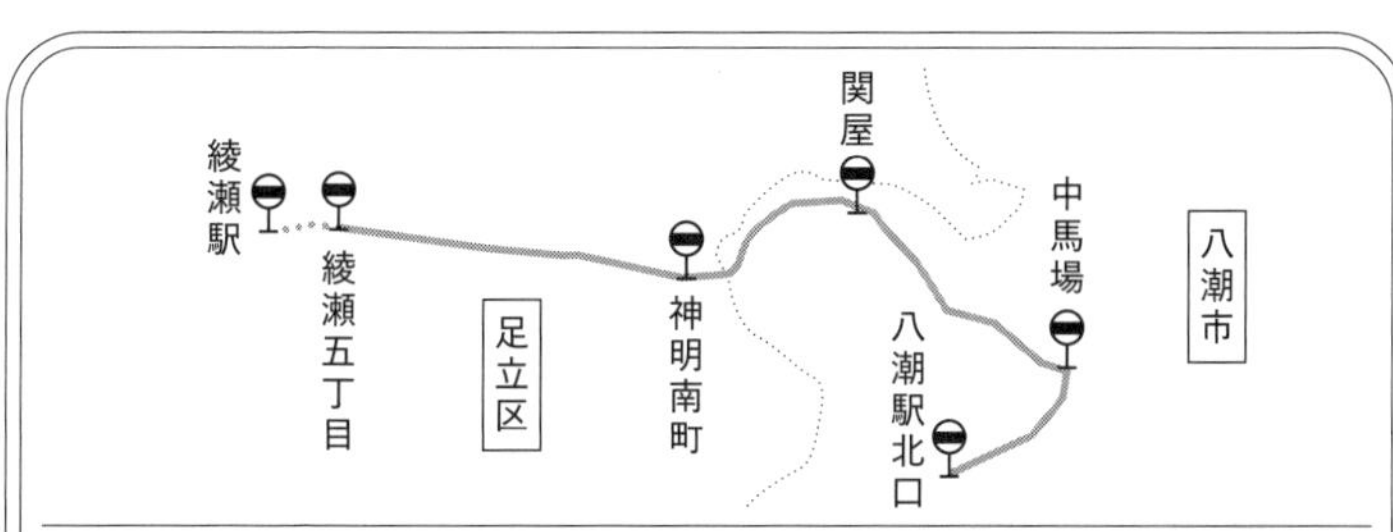

八潮駅北口から綾瀬駅までのルート

ただし、こんな場合もある。縁起の良い地名で有名な、帯広の「幸福」から帯広駅までバスで向かう場合。Googleマップは帯広駅行きのバスに乗車し、「第一病院前」で降りて5分歩くように指示している。そんなことはないだろうと第一病院前で降りずに乗り続けたところ、バスは駅の周囲を信号に何度も引っかかりながらぐるっと南側から北側に迂回して、第一病院前から10分ほどかけてやっと帯広駅にたどり着いた。特に急いでいる場合は、事前にバスが通るルートを入念に確認したほうがいいだろう。

途中のバス停での遅れが頻発する

また、このようなダイヤの欠点は、途中停留所から乗る際には10分前後の遅れが日常茶飯事になってしまうことである。営業所の電話が鳴る。

「ちょっと、23分にさくら公園発のバスに乗ろうと思ったら22分に行っちゃったんだけど！」

「申し訳ありません。運行状況を確認いたします……」

バスロケーションシステムを使い、バスの走行位置と遅れを調べる。

「大変恐れ入りますが、今通過したバスは13分発のバスが9分遅れているものです、23分発のバスもこの後を9分遅れて走行中です。今しばらくバス停でお待ちください」

ということが発生してしまう。ただ、今は乗客側も手持ちのスマホでリアルタイムに走行位置や遅れが確認できるので、バス停に向かう前にチェックしておくとある程度到着時刻が予測できる。よく使う会社のバス接近情報のサイト[*3]をお気に入り登録しておくと便利だろう。

【＊3】Googleマップやバス NAVITIMEで各社の時刻表を一括で検索することはできるが、リアルタイムな接近情報に関しては一部の事業者しか対応していない。リアルタイムな接近情報は各社の公式サイトからのみ見られる場合が大半。

コラム 2 主なバス運賃の払い方3選

コラム1にて「整理券方式の後払い」がバスの運賃支払い方法での主流とお伝えした。しかし、バスの運賃支払い方法はほかにもいくつか種類がある。運賃の支払い方法が様々であることが、バスは難しいと感じる原因のひとつである。それらの支払い手段についてマスターしよう。

ちなみに、これら以外にも全国には「前乗り・中降り・先払い」「同じ路線で先払いと後払いが混在」「事前に乗車券を購入」など様々な乗り方のバスがある。これらは各地の利用者の傾向に合わせて円滑に運賃が収受できるよう考えられた結果だ。

1. 中乗り・前降り・後払い（運賃変動）

- ☑ 中ドアから乗車し、整理券を取る
- ☑ 降車時に運賃を支払い、前ドアから降りる
- ☑ 距離に応じて運賃が変動する
- ☑ 降車直前まで運賃が不明
- ☑ 利用者が多い停留所では降りるのに時間がかかる

	乗車	降車
前ドア	−	支払い
中ドア	整理券	−

2.前乗り・中降り・先払い（均一運賃）

- ☑前ドアから乗車し、その際に運賃を支払う
- ☑運賃はバス停や運賃箱を確認
- ☑中ドアから降車
- ☑都心を走るバスに多い
- ☑乗降がスムーズ、運賃がわかりやすい
- ☑短距離利用の場合は割高

	乗車	降車
前ドア	支払い	―
中ドア	―	降車のみ

3.前乗り・前降り・後払い（運賃変動）

- ☑前ドアから乗車し、整理券を取る
- ☑降車も前ドア。その際に運賃を支払う
- ☑除雪の手間が減るため、雪国に多い
- ☑同時に乗降できないため、乗り降りに時間がかかる
- ☑前ドアに乗車用と降車用の2種類のICカードリーダーがあるため、タッチ時は要注意

	乗車	降車
前ドア	整理券	支払い
中ドア	―	―

先輩が次々と休職。次は自分の番

ここまで紹介してきた通り、バスの運行管理者は大型二種免許を持っていないのにベテランの運転士に指導しなくてはいけない。苦情の電話も毎日のようにかかってくる。明日の運転士の勤務もギリギリまで決まらないことがある。残業は長時間。こんな環境でやっていけるのだろうか。

答えはもちろんノーだ。私の営業所では運行管理者の定員は7名ということになっていた。7名いると、1週間に泊まり勤務を2回、日勤を1回、休みを2日とすることで、綺麗に1週間サイクルで勤務が回る。これが1名休職して6名体制になると、2週間に泊まり勤務を5回こなすことにより、何とか週休2日で勤務が回る。さらに減って5名になってしまうと、もはや勤務は回らないため、運行管理者の休日出勤や、一時的に本社から

	4/1	4/2	4/3	4/4	4/5	4/6	4/7	4/8	4/9	4/10	4/11	4/12	4/13	4/14
安西	泊り	明け	泊り	明け	日勤	休	休	泊り	明け	泊り	明け	日勤	休	休
伊沢	休	泊り	明け	泊り	明け	日勤	休	休	泊り	明け	泊り	明け	日勤	休
上田	休	休	泊り	明け	泊り	明け	日勤	休	休	泊り	明け	泊り	明け	日勤
遠藤	日勤	休	休	泊り	明け	泊り	明け	日勤	休	休	泊り	明け	泊り	明け
折原	明け	日勤	休	休	泊り	明け	泊り	明け	日勤	休	休	泊り	明け	泊り
加藤	泊り	明け	日勤	休	休	泊り	明け	泊り	明け	日勤	休	休	泊り	明け
木島	明け	泊り	明け	日勤	休	休	泊り	明け	泊り	明け	日勤	休	休	泊り

①運行管理者が7名いる場合。
「泊まり→明け→泊まり→明け→日勤→休み→休み」の7日サイクルで回る

	4/1	4/2	4/3	4/4	4/5	4/6	4/7	4/8	4/9	4/10	4/11	4/12	4/13	4/14
安西	泊り	明け	泊り	明け	泊り	明け	休	休	泊り	明け	泊り	明け	休	休
伊沢	休	泊り	明け	泊り	明け	泊り	明け	休	休	泊り	明け	泊り	明け	休
上田	休	休	泊り	明け	泊り	明け	泊り	明け	休	休	泊り	明け	泊り	明け
遠藤	明け	休	休	泊り	明け	泊り	明け	泊り	明け	休	休	泊り	明け	泊り
折原	泊り	明け	休	休	泊り	明け	泊り	明け	泊り	明け	休	休	泊り	明け
加藤	明け	泊り	明け	休	休	泊り	明け	泊り	明け	泊り	明け	休	休	泊り

②6名でも、「泊まり3回→2連休→泊まり2回→2連休」で勤務自体は回る。
よく見ると、4月5日～4月6日、4月6日～4月7日にかけて泊まりが3名いる

	4/1	4/2	4/3	4/4	4/5	4/6	4/7	4/8	4/9	4/10	4/11	4/12	4/13	4/14
安西	泊り	明け	泊り	明け	泊り	明け	休	休	泊り	明け	泊り	明け	休	休
伊沢	休	泊り	明け	泊り	明け	泊り	明け	休	休	泊り	明け	泊り	明け	休
上田	休	休	泊り	明け	泊り	明け	泊り	明け	休	休	泊り	明け	泊り	明け
遠藤	明け	休	休	泊り	明け	泊り	明け	泊り	明け	休	休	泊り	明け	泊り
折原	泊り	明け	休	休	**有給**	**有給**	泊り	明け	泊り	明け	休	休	泊り	明け
加藤	明け	泊り	明け	休	休	**有給**	**有給**	泊り	明け	泊り	明け	休	休	泊り

③　②で泊まりが3名いた4月5日～4月6日、4月6日～4月7日については1名が日勤or有給（図内太字）となるが、実際にはイベント対応や研修対応でほぼ有給は取れない

の応援を依頼してしのぐという形になる。5名まで減ってしまうようであれば、臨時の人事異動ですぐに6名体制になるが、6名だと当面はそのまま6名体制だ。

地面に転がりたくなる辛さ

私が運行管理者になる前、1年間事務担当をしていたが、その1年間の間に次々と先輩が休職していった。私が配属になった当初は定数の7名体制だったが、すぐに1名が心身の不調により休職。6名体制となるが、数ヶ月後に異動により7名体制に戻る。そのタイミングを計ったように、もう1名が心身の不調により休職。最初に休職していた人が復帰して7名体制に戻るが、また1名が休職……といった具合だ。ギリギリのところで頑張っているものの、6名体制のときに休職してしまうと勤務が回らなくなってしまい、周囲に迷惑がかかり休めない。7名体制になったところで緊張の糸が切れて、職場に行こうと思っても家から動けなくなってしまう。気持ちはよくわかる。私が運行管理の仕事を始めた初日のこと。最終バスの運転士が帰ったあと、あまりにも仕事が大変すぎて、**バスが100台停**

まっているだけで誰もいない車庫の地面に転がって叫んだことを覚えている。今考えると正気の沙汰ではない。

また、私が運行管理の仕事をやるよう任命されたのも、7名体制で回っていた運行管理者が1人休職して6名になったタイミングだった。休職者がいなければ、もう少し運行管理の仕事を始めるタイミングは遅かったかもしれない。今は改善されていると聞くが、当時はそんな状況だった。

いつ取れなくなるかわからないので、毎週有給休暇を取得

そんな環境で私は何とか休職することなく退職まで過ごすことができたが、それは比較的休みが取れたという理由も大きかった。私が運行管理をやっていた頃の7名体制の場合の1週間の流れはこんな感じだ。「土曜と日曜が2連休→月曜の朝に泊まり勤務に出勤して火曜の夕方に帰る→寝て起きたら水木に次の泊まり勤務→金曜は泊まりではない日勤として、運行管理以外の事務仕事を行う」しかしこの日勤で有給休暇を使い、金土日と3連休にして、月曜にまた泊まり勤務に出向く、ということができた。[*1]

【＊1】わかりやすさ重視で土日休みとしたが、実際には私は平日休みだった。

泊まり勤務の2名は必ず営業所にいる必要があるが、日勤の出勤自体は必須ではない。そうすると、有給休暇を取るならこの日勤のタイミングしかない。泊まり勤務の日に有給を使うとなると、誰かが代わりに休日出勤で泊まり勤務を行う必要があるため、現実的には不可能だ。

私に限らず、運行管理者のメンバーは皆、休職者が出ていない7名体制になっている期間に毎週有給休暇を取得する流れができていた。本来は「泊まり勤務が終わっても帰れない」の項目で書いたようなバス停への掲示作業などは日勤の日にやるべきだが、日勤の日にやってしまうと有給を使うことができない。そのため、泊まり勤務の後に夜まで残業してでも日勤で有給休暇を使う。**いつ次の休職者が出て6名体制になるかわからないので、7名体制のうちに使っておこう**、という考えだ。[*2] そのため、私が運行管理をしていたときは週休3日のことが多かった。それもあって休日はしっかり体を休めることができた。

ただ、休み明けに仕事に行くのは憂鬱である。会社で働く人は誰もが仕事より休みのほうがいいと思うだろうが、少なくとも私が経験した鉄道会社の駅員・車掌時代と比べると、運行管理者時代のほうが何倍も仕事に行

【*2】 6名体制でも有給は少し取れるが、6週間に2日しか取れないため、フルに有給を使っても年間17日ほどしか消化できない。しかし実際はイベント対応や研修などの理由で、日勤を有給にできない日も多々あり、6名体制だと結局はほぼ有給は使えなかった。

きたくなかった。理由はもちろん、冒頭に書いたすべてである。どんな苦情を言われるかわからない。運転士にも暴言を吐かれるかもしれない。無事に仕事を終えて明日帰れる姿が想像できない……。

毎回こんな心境で職場に向かい、翌日退勤するときは「苦情や運行トラブルもたくさんあったけど、何とかギリギリのところで対応して無事に帰ることができた……。でも明日はどうなることか……」という気持ちで帰っていた。

経験を重ねればある程度はトラブル対応も上達していくだろう。しかし、次々とメンバーが休職していく姿を見ると、この環境は経験だけではカバーしきれなかったことのあらわれだろう。私はたまたま在職中に鉄道会社の採用試験を受け、合格したため退職することとなったが、そのまま続けていたらいつか私も心身の不調で休職していたことは想像に難くない。

組合員なのに労働組合に守ってもらえない

日本での労働組合の組織率は、16・5%となっており、組合員数は999万人。[*1] つまり、全労働者のうち、組合に所属しているのは999万にすぎず、多くの人は組合に所属せず働いている。そのため、労働組合とは無縁という人も多いだろう。そんな中でバス業界はというと、多くの企業に労働組合が存在している。私の勤める武蔵バスにも、「武蔵バス労働組合」という、会社名を冠した労働組合が存在する。武蔵バスをはじめとした大半の企業はユニオンショップ制という、[*2] 従業員は必ず組合にも加入しなくてはならない制度を採用していたため、私は武蔵バスの社員でありながら、武蔵バス労働組合の組合員であった。

【＊1】 2022年の日本商工会議所のデータ
https://www.jcci.or.jp/news/trend-box/2023/0314174746.html

【＊2】 組合への加入が任意であるオープンショップ制をとる企業もまれにあるが、ほとんどはユニオンショップ制。

団体交渉権とは？

労働組合は何のためにある組織だろうか。日本国憲法では、労働者の権利として「団結権」[*3]「団体交渉権」[*4]「団体行動権」の「労働三権」が定められている。労働者ひとりひとりが会社と労働条件等について交渉するのは分が悪いが、集団となることにより対等な立場で交渉できるようになる。労働組合はそのための組織だ。しかし、団体交渉権を用いて文書や口頭での交渉をしても、双方が合意しない場合がある。その場合、労働者側は団結して労働を放棄することにより抗議を行うことができる。これが団体行動権、ストライキだ。日本ではストライキという言葉を聞く機会は少なく、公共交通機関では利用者の影響が大きいため、なかなか決行されることはない。それでも、2023年4月25日、北海道の千歳市内にて路線バスを運行する企業の千歳相互観光バスがストライキを行い、同社の運行する路線バスは終日運休となった。その後、8月には4年ぶりのボーナスが支給されるなど一定の成果があった。ただ、報道されるのは「運転士の労働環境や待遇が悪いので交渉を行う」ということについてである。

【*3】組合そのものを作る権利

【*4】組合と会社で交渉する権利

忘れられがちだが、バス会社で働いているのは運転士だけではない。整備士や、私のような運行管理者もその一員だ。

運行管理者の待遇に関しては、運転士よりはいいかもしれないが、もう少し何とかならないかと思うようなことは多々ある。しかし、組合が運行管理者の待遇改善についても会社と交渉してくれるかというと、答えはノー。組合と会社との交渉の資料を見ても、議題の隅っこに運行管理者の待遇改善について記載はあるものの、特に改善されたことはなかった。*5 本来労働組合は組合員のための組合であるべきだが、事実上バス会社の労働組合は**大多数である運転士のための労働組合**となっていた。組合の役員などの幹部も、全員が運転士であった。

それでは私のような運行管理者や事務員はもはや組合に入っている意味はないと思えてくるが、ユニオンショップ制のため従業員は組合に入ることが必須。それなら運行管理者だけで団結して会社と交渉すればよいのではとも思うが、運行管理者の約半数は私を含め、本社の総合職として採用された者である。つまり、**今は労働者側という立場ではあるものの、将来的には本社の幹部となり、会社側の立場として働く**ことを期待されている。

【*5】一応入れていることで「運行管理者も組合員なのは忘れてません」というアピールだろう。

私のような立場の者が会社側と労働条件の交渉なんてできるはずがなかった。結果として、毎月数千円の組合費をただ支払い続けるが、私の待遇は何も変わらない日々であった。

その後、鉄道会社に転職し駅員として働き始めた私は、「ついに会社側ではない立場として組合員になることができる」と喜んで労働組合に加入したため、何でそんなに食いつきがいいんだと上司も驚いていた。*6 純粋な組合員の立場で実際に活動してみると、労働者と会社側との交渉に専念するのであればまだいいが、反戦のために沖縄で平和学習を行うなどの、労働条件向上に結び付くのか疑問に残る活動も多々あった。*7

鉄道会社の当時の同僚に話を聞いてみると、「組合には上司に言われたから仕方なく所属している」という人が大半で、私のように労働組合に意義を感じて所属している人物は稀なのだろう。確かに活動内容が不透明であればそう思うのも仕方がない。労働三権は労働者に保障された重要な権利であるため、可能ならその会社で働くすべての労働者に意義のある形で存在し続けるべきだろう。

【＊6】 たいてい、新社会人は労働組合に関しての知識がなく、入社後に上司から説明を受けて半信半疑で加入するというパターンが大半だ。

【＊7】 これらの活動は義務ではなかったので、私は参加したい活動だけ参加し、労働者としての組合員という立場には満足していた。

歴史的な新路線の開業

運転士不足や利用者減少などの原因で、バスの減便や路線の廃止が全国的に進んでいる。

私の勤めていた武蔵バス中央営業所はというと、都市部を運行していることもあり、一部の路線が減便されることはあったが、その影響は限定的だった。むしろ、私が在籍している間に新路線の開業まで行われた。バスは比較的柔軟に経路の設定を行えるとはいえ、新路線が開業することは今の時代多くはない。あるとすれば、路線の廃止に伴い、廃止になった区間の利便性を損なわないよう、従来の路線の経路を変更するといった後ろ向きの理由からだ。それに対し前向きな理由の新路線開業は、沿線に多くの集客が見込める商業施設が開業したり、企業の工場が開設されたりと、急激な需要の増加によるものだろう。

そんな中で、中央営業所では歴史的ともいえる新路線が開業した。今までに挙げた廃止代替や施設開業といった理由ではなく、**純粋にその地域の住民の利便性を高めて、住民の足として利用してもらい収益をあげよう**と開設された路線だ。こういった理由で新路線が開設されることは近年では珍しい。さらにもう一点、**自社のエリアを飛び出して路線が開設されたと**いうことである。

異例のストライキにまで発展した両備・めぐりん問題

路線バス業界では2002年に規制緩和があり、新規参入が容易になった。従って、自社のバスが運行しておらず、他社のバスが多く走るようなエリアであっても、新たに参入して新路線を開設することが理論上は可能だ。代表的な例として、岡山県では両備《りょうび》バスなどの既存の事業者が多くのバスを運行する中で、八晃《はっこう》運輸が新規参入を行い、両備バスより安い運賃で運行を行った。それだけ聞けば、企業同士で競争の原理がはたらき、利用者は安価でバスに乗れることになって良かったかもしれない。だが問題は、八晃運輸が収益性の高い地域にのみ参入したことである。

従来からバスを運行している両備バスは、**乗客の多い路線で黒字を確保し、それにより乗客の少ない路線の赤字を補填している。**岡山県に限らず、どの地域でも行われている方法だ。この仕組みにより赤字路線と言われるような地域でも路線バスを維持することができる。この前提が覆される事態となり、両備バスは抗議のためにストライキをするといった事態にまで発展した。[*1]

とはいえ、八晃運輸も現行のルールにのっとって新規参入をしており、そのエリアの利用者の利便性が高まっているのも確かだ。ここではどちらが良いか悪いかは議論しないが、他社のエリアで事前の打ち合わせもなく新路線の運行を開始するとこのようなトラブルになるため、実際には参入は容易でない。そのため、明確な線引きはないものの、会社ごとの運行エリアがある程度分かれているのが現実である。そうなると「**ここに路線があれば便利そうだが、バス会社間のエリアの境目になっているためバスが存在しない**」という現象が発生する。

【＊1】労使間の争議以外の理由によるストライキは異例。両備バスと八晃運輸の「めぐりん」を巡るこの問題は、2018年2月に両備グループが赤字の大きい31路線について廃止届を出したことを契機に、全国に知られるようになった。

今回、中央営業所が開設した、町田鉄道の浦沢駅と相模原鉄道の宮本駅を結ぶ路線もそうである。浦沢駅には武蔵バスのみが乗り入れているが、宮本駅には相模原バスのみが乗り入れている。別々の鉄道会社の駅間を結ぶ路線があれば便利そうだが、エリアの境目の問題のため実現していなかった。だが、今回は両社間で協議を行い、お互いにメリットがあるとの結論に至り、武蔵バスの運行エリアが広がる形で新路線の開業に至った。

新路線はどのように開業するのか

では、新路線はどのような流れで開業するのだろうか。ぶっつけ本番で運行できるはずがないので、事前にどこにバス停があるか、運行上の注意点などを運転士に机上で教習を行う。さらに、実際のバスで回送として走り、現地の状況を確認する。特に宮本駅のバスターミナルには従来は武蔵バスが入ることがなかったため、バスターミナル内の動き方を入念に確認する。

いざ開業当日。本来、私は仕事が休みの日であったが、何かあったときに少しでも多い人数で対応できるよう、休日出勤で起点の浦沢駅に駆けつ

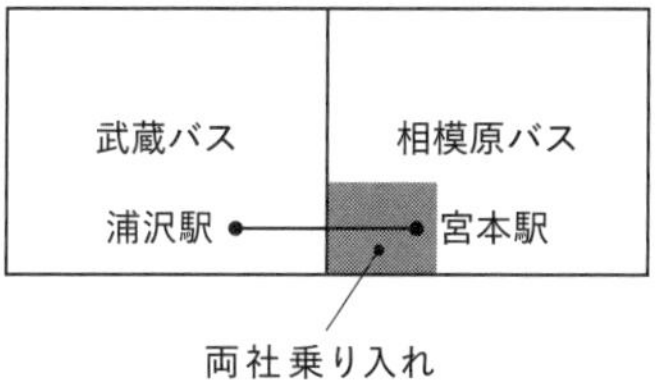

新路線の開業で宮本駅周辺が
両社乗り入れエリアに

けた。現場には営業所の所長どころか、本社の新路線開業に携わった部署の面々、そして取締役の姿まであった。新路線の1本目のバスが出る前なので、まだ朝の6時である。立派なカメラを持った報道関係者の姿もあった。さすがにテレビ中継はされないが、地域の新聞社のようだ。

何をするのかと思ったら、新規開業に伴うセレモニーを行うとのこと。私が運転士に花束を贈呈する役になぜか抜擢され、初便の運転士に花束を渡した。路線バスの新路線開業で報道関係者を呼んでセレモニーを行うことは稀だが、この路線に限っては**エリアの垣根を越えた革命的な新路線だった**こともあり、これだけの派手なスタートとなった[*2]。

しかし、大々的なセレモニーとは裏腹に、浦沢駅から初便に乗った乗客は噂を聞きつけてやって来たバスファンが数名ほど。鉄道の新路線開業は一大ニュースになり、初便にはその歴史的な瞬間を一番に目にしようと乗客が殺到する。だが、バスの新路線に関しては、鉄道ほど新路線開業が珍しくはないことと、新路線開業で影響を受けるエリアが限定的であるため、たいていはこのように地元のバスファンとともにひっそりと開業する。また、バスファン以外の地元の利用者も、元々昨日までほかの手段で通勤通

【*2】この話題を扱った私の動画はこちら。「バス路線の新規開業セレモニーは混雑するか」
https://youtu.be/U4ltvbaDUlU

学をしており、その区間の定期券を持っている人が大半だ。今日から新路線が開業するからといって、いきなり移動経路を変えるという人は少ない。その後、初日の日中の便に1往復乗車したが、座席が埋まることはなく少し寂しい気持ちだった。

時は経ち、私が武蔵バスを退職してから数年が経った。浦沢駅の近くに寄ったので、バス乗り場の様子を見る。開業から数年が経った今もこの路線は元気に浦沢駅と宮本駅の間を走っている。セレモニーを行ったあの初日と違って乗客も多く、中央営業所にとって重要な路線になっている。そんな姿を見ると、まるで我が子が成長した姿を見る親のような気分になる。今後も末永く運行を続けてほしい。

バス会社を去る日

あれやこれやを経験し、私は結局バス会社を辞め鉄道会社に転職した。なぜ転職したのか気になる方もいるだろう。今までの過酷な環境での仕事の話を読むと、バス会社での仕事が嫌で退職したように見えるかもしれない。だが、そんなことは決してない。大学で交通地理学を専攻し、卒業論文のテーマはバスについて。そんな私にとって、バス会社の総合職の仕事というのは、専門的に学んできたことを直接活かせる数少ない仕事である。大学での研究ではバス会社を外側から見ることしかできなかったのに対して、社員となれば内側からも見ることができる。内側を知ることで、「あれはこういうことだったのか！」と理解が深まる。この仕事が私の天職であることは紛れもない事実だろう。仕事が大変なこともあったが、それ以上に楽しさが上回り、定年までこの会社で働こうと心に決めていた。[*1]

心残りは鉄道

ただ、働いていて心に引っかかることがあった。それは、バスという事業の規模である。路線バスは限られた地域内における近距離での移動を賄うことがメインであり、鉄道ほどの長距離を輸送することは不可能ではないが難しい。また、路線バスは1台に立ち客がいっぱいになるくらい乗っても70名ほどしか乗ることはできない。それが、鉄道となれば山手線の11両に3000名が乗ることができる。さらに、遅れもバスほどは発生しない。この、「長距離」を「大量」に「安定」して輸送できることは鉄道の特性であり、バスには難しいものだ。鉄道とバスは同じ公共交通機関でありながら、それぞれの与えられた役割をこなしているにすぎず、そこに優劣はない。だが、バスとは違った鉄道による輸送にも携わり、公共交通に関してより深い経験を積みたいという気持ちもあった。学生時代に鉄道会社で駅員のアルバイトをしてはいたものの、それだけでは経験が足りない。少なくとも、鉄道会社で乗務員を経験することが必須であると考えた。

【＊1】今は運行管理者の立場だが、再度本社の仕事につけばまた仕事が幅も広がる。それもこの会社で働くうえでの楽しみだった。

中途採用の抜け道と運転士の一言

当時、鉄道会社では駅員を対象とした中途採用は時々行われていた。その半面、乗務員に関しては養成に費用がかかるため、長く働けることが重要であるという考えが基本で、乗務員に登用されるのは新卒での採用者だけというルールの会社が大半であった。ごく一部の会社では中途採用から乗務員になれるが、鉄道会社は企業のネームバリューとその安定性から転職市場では人気であり、中途採用となると幅広い層が受験する。前職の経験が重要視される中途採用で、新卒2年目の自分が受かるはずがないだろう。万事休すか、と思っていたところ、ある抜け道を見つけた。

新卒採用は大学を卒業する年度でしか受験できないと思うかもしれないが、実はそうではない。2010年に政府の指針により、「新卒3年以内は新卒として扱う」ルールが企業に課されたおかげで、[*2]多くの企業の求人案内にはこのようなことが記されていた。「新卒3年以内の者も応募可能。ただし、卒業後に正社員として就労経験がある者は除く」

つまり、大学4年次に就活をしたが内定が出ず、就職先が決まらなかっ

【＊2】もちろんこれは義務ではなく任意のため、従来通り新卒でないと応募できない企業もある。

たいわゆる「就職浪人」に対して、翌年以降も新卒と同様に扱うということである。[*3] そんな中で「新卒3年以内の者も応募可能。就労経験は問わない」と書かれている会社を2社だけ見つけた。ただ、就労経験は問わないと書いてあるだけで、採用の実態はわからない。しかもこの2社は両方とも、新卒採用時に受けたことがある会社だ。1社は最終面接まで選考が進んだが、バス会社の内定が出たため、そのタイミングで選考を辞退した会社。もう1社は、一次選考で早々に落ちた会社だ。一度辞退や不合格となった人に内定が出るなんて話は普通ないだろう。そんな話を、いつもの通勤するバスの中で、よく話をする仲である運転士の木島さんに話した。

「でも綿貫君は鉄道会社の仕事に興味があるんだろ？　だったら受けるだけ受けて、受かってからここを辞めるかどうか考えればいいじゃん。何を悩んでいるんだよ」

言われてみればその通りである。誇張なしで、この言葉が私の人生を変えた。この言葉をくれた木島さんには今でも頭が上がらない。

【＊3】就職浪人を救済することが目的であればこのルールはごもっともである。正社員として就労経験がある者まで新卒扱いで募集を受け付けていたら就職浪人の救済にならない。

鉄道会社の新卒採用にエントリーを決意

その2社を受験すると決心がついた。また、新卒採用のスケジュール変更にも助けられた。2015年卒までの新卒採用は、12月から選考のエントリーが始まるというスケジュールだったが、経団連《けいだんれん》の指針改定により、私が受けた2016年度は3月からエントリー開始となった。*4

3月になり、2社に実際に応募した。そのうち、新卒時代に最終面接を辞退した企業は早々と書類選考で不採用となった。*5 もう1社も2年前に不合格となっているからきっとダメだろう。さらに追い打ちをかける事態が起きる。秋頃から運行管理の仕事を任されると言われていたが、休職者が出たため、急きょ5月から運行管理の仕事を担当することになった。*6 今までの事務担当であれば選考がある日に休みを取ることもできたが、運行管理者になってしまうと自由に休みは取れない。選考日と勤務日が重なったらアウトだ。仮病で休むなんてことは自分にはできない。

ある日の泊まり勤務を終えてメールをチェックする。すると、書類選考が通ったとのメールが届いていた。過去に不合格になっているのに、だ。

【*4】私が木島さんとやり取りをしたのは1月下旬。従来の選考スケジュールであればとっくに受付期間が終わっている。私は1浪しており、来年度に受けてしまうと年齢的には入社時に26歳、もはや新卒5年目の年だ。ただでさえ乗務員の仕事は若いことが重要で、26歳で入社できたとしても、会社内の年齢制限で乗務員にたどり着けないことも大いに考えられる。そのため、鉄道会社に転職するのは早ければ早いほうがいい。

【*5】過去に応募した記録が残っていて、それを元に辞退した人は不採用になるということだろう。

【*6】詳しくはp．118「先輩が次々と休職。次は自分の番」にて。

ただ、このメールは私が仕事中の時間に届いた。書類選考の通過についてはメールで来るが、これ以降の選考では人事とのやりとりはすべて電話だ。電話に何回か出られないと不合格扱いになるという噂もある。1日なら待ってくれるかもしれないが、泊まり勤務で丸2日電話に出られなかったら辞退扱いにされてしまう可能性も高いだろう。休みの日に選考を受けつつ、選考通過の連絡も休みの日にタイミングよく受けなくてはならない。

筆記試験は休みの日に受けることができ、その通過の連絡も運良く休みの日にかかってきた。次が最終面接とのことだが、最終面接の日程を提示される。明日とのこと。**泊まり勤務で受けることができない**。どうしよう。

「すみません、私は社会人で、その日はどうしても仕事の都合で受けることができません。日程を変更していただくことは可能でしょうか」

ダメもとで今の状況を人事担当者に説明したところ、3日後に変更してもらえた。明日の泊まり勤務を終えて明後日帰宅し、その翌日だ。全力を尽くそう。

運行管理の仕事が面接にも活きた

最終面接の前日。無事に泊まり勤務を終えて引き継ぎを行う。もちろん午前中で帰ることはできずこの日も残業である。イベントの影響でバス停が臨時に休止することとなり、その案内などの対応で人手が必要だった。

しかし、そこで事件は起こった。13時からバス停が休止となり通過する対応が始まるのに、12時55分のバスが通過しようとしている。もちろんバス停で待っている乗客はいるため、このまま通過されたら乗客はバスに乗れなくなってしまう。考えるより先に体が動いた。バス停から身を乗り出してバスの前に立ちふさがり「**まだ通過じゃないですよ、止まって!**」と声をあげ、バスを止めた。この私の活躍もあり、大きなトラブルなく対応を終え、翌日の最終面接に挑んだ。

最終面接。「あなたの長所を教えてください」とお決まりの質問を聞かれる。そこで私は「とっさの判断力があるからです。なぜなら……」と昨日の出来事を話した。まさか面接で昨日の出来事を話す人はそういないだろう。また、鉄道会社の面接では「泊まり勤務がありますが大丈夫ですか」ということも聞かれる。それにも「**はい、まさに昨日やりましたので問題ありません**」と答える。面接官の印象には間違いなく残っているはずだ。これで不合格なら仕方ない、ベストは尽くした。そんな手ごたえで最終面接を終えた。あとは合格の電話に出られるかどうか。

面接の翌日は連休の2日目で休みだ。今日電話がかかってこなければ、明日以降は泊まり勤務が続くので電話に出られる確率は大幅に下がる。頼むから今日かかってきてくれと自宅で電話を待つ。

運転士の木島さんとした会話を思い出す。

「ここを辞めるかどうかは受かってから考えればいいじゃん」

選考を受けるうちに、受かったらどうするかの答えは出ていた。バス会社を退職して、鉄道会社に移る。鉄道の乗務員ができるチャンスは今を逃せば二度とない。運行管理者は中途採用も活発に行われているから、鉄道会社での仕事に満足したらまたバス会社でやり残したことの続きをやろう。

昼過ぎに携帯が鳴った。

「おめでとうございます、合格です」

これにより、私はバス会社を離れて鉄道会社に移ることとなった。[*7]

【＊7】その後の行動は早かった。所長に退職の申し出をし、その1ヶ月後に退職。仕事が嫌で辞めたわけではないため、円満な退職だった。運行管理者の先輩たちや、運転士の皆さんから鉄道会社への転職を盛大に祝ってもらった。ここでの経験を忘れずに今後鉄道会社でも活かしていこう。そう決心して、新たな一歩を踏み出した。

運転士の労働環境はどんな感じ？

今までバス営業所で働く運行管理者の日常をお伝えしてきたが、バス運転士の労働環境はどういったものだろうか。私の経験と、都内の大手バス会社で路線バスの運転士をしている小野さんにも取材を行い、現状をお伝えする。

やっぱり長時間労働なの？

長いと言われている運転士の労働時間。一般的な会社では8時間労働、1時間休憩、9時間拘束が標準的だろう。それに比べ、運転士は勤務時間が不規則でありどうしても拘束時間が長くなる。朝早い勤務は5時台から、夜遅い退勤は0時過ぎまで。中休勤務の存在により、朝早く出勤して昼に

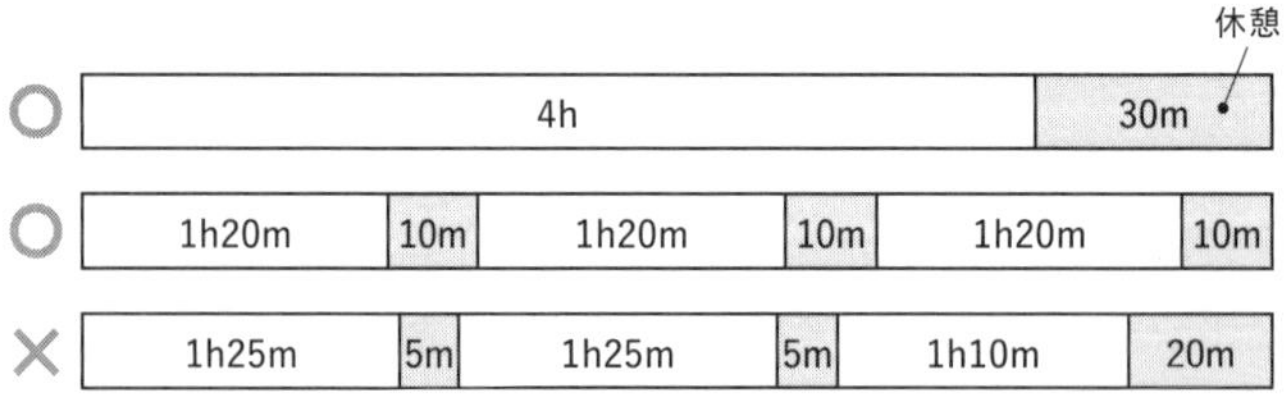

4時間の運転毎に30分の休憩が必要。休憩は1回あたり10分以上であれば分割できる

長く休憩、夜に退勤ということもある。また、残業で1日12時間くらいの労働時間になることもある。[*1]

さらに休憩時間が少し特殊で、連続運転時間が4時間までという制約があるため、4時間運転するごとに30分以上の休憩をとる必要がある。[*2]ただ、労働基準法で8時間を超える労働には1時間以上の休憩が義務付けられているので、労働時間が6時間を超えるなら45分、8時間を超えるなら1時間の休憩をとる必要があることは変わらない。ただ、この連続運転に対する休憩時間は分割が認められていて、10分以上連続で休憩できればその時間を合計することができる。

また、営業所などの休憩施設がある場所での休憩である必要はなく、駅のバスの折り返し時間であっても休憩時間とみなすことができる。[*3]もちろんすべての休憩を10分の折り返し時間にしてしまうと食事もとれず現実的ではないが、出庫してから5時間以上まとまって休憩を取れなくてもダイヤが組めるようにする措置だ。ただし、折り返し時間を休憩にするということは、遅れが発生するとそのわずかな休憩時間も削られてしまうということでもある。

【＊1】中休勤務についてはp.84「渋滞が発生すると登場する中休予備」、残業についてはp.60「運転士の残業事情はなかなか複雑」に詳しく書いている。

【＊2】一般的な会社だと、9時〜12時が午前の勤務、13時まで休憩、13時から18時までが午後の勤務となり、午後は5時間続けて勤務になるだろう。しかしこのスケジュールで働くことは運転士には認められない。

【＊3】私が勤めていた会社ではそのような運用はしていなかったが、小野さんの勤める会社を含め、そういった運用をしている会社のほうが多い。

ほかにも、駅などの始発停留所ではバス停で乗客が待っている。出発時刻ギリギリまで休憩時間扱いなので早めに乗客を乗せる義務はないが、バスが来ているのになぜ乗せてくれないんだという無言の視線はどうしても気になるだろう。

小野さんの会社では折り返し時間は一部が労働時間扱いとなるなど、各社で取り決めが異なるが、グレーゾーンな扱いであるのは事実だろう。[*4] 折り返しの時間を休憩時間扱いとするほうがダイヤを組む上ではやりやすいかもしれないが、やはり自由に休憩できる環境でなければ労働時間にすべきだろうと思う。

特に中休勤務は朝と夕のラッシュの合間がすべて休憩になってしまう。もちろん休憩時間に給料は出ない。その休憩をうまく活用できればいいが、やはり家[*5]にいるのと違って完全にリラックスして自由に過ごせるわけではない。そう考えると、この長い拘束時間に対する賃金はほかの業種と比べて安いのではないだろうか。

命を背負う責任の重さ

【＊4】 この折り返し時間を休憩に扱うことについては、法律上は認められているものの、近年ではさせぼバスの運転士が「乗客の対応などがあり、事実上の労働時間である」と会社を相手に訴訟を起こすなど、たびたび法廷で争う事態になっている。

【＊5】 中休の合間は家に帰ってもよいが、往復の時間がかかるので営業所で過ごす人が多い。

また、事故リスクのプレッシャーも大きい。2023年6月に札幌と函館を結ぶ「高速はこだて号」が対向のトラックと衝突し、運転士を含む5名が亡くなる事故が起きた。バスの運転士にはどうしても交通事故のリスクがつきまとう。さらに、事故は他車と接触する事故だけではない。発進のタイミングなどで車内の乗客が転倒して負傷してしまった場合。車内人身事故という扱いになり、負傷の度合いに応じて運転免許の違反の点数が加算される。シートベルト着用が義務づけられている乗用車と、シートベルトの義務どころか立って乗車することも可能な路線バスが、乗用車と同じ基準で事故に関する違反の点数が決まる。なかなか不条理な話だろう。運転士が**「空いている席におかけください」「手すりにおつかまりくださ い」としつこいくらいアナウンスするのもこれが理由だ。**

さらに、避けるのが難しい事故もある。例えば、時々報道で見かける、夜間に酒に酔って路上で寝ている人を轢いてしまう事故。もちろん運転士はいかなる可能性も考慮して事故を避けるべきだが、この場合は路上で寝ている人の不注意である可能性が高い。それでも死亡事故になると運転士には15点の違反点数が課される。[*6] これは一発で免許取り消し、欠格期間1

【＊6】 双方に過失がある場合の死亡事故の点数は13点だが、それに加えて安全運転義務違反の2点が加算され、15点となる。

年にあたる。運転免許が剝奪されるうえに、再度取得するにも1年以上期間を空けなくてはならないということだ。つまり、再度免許を取得するまではバスを運転する仕事ができなくなる。[*7] 自家用車で死亡事故を発生させた場合ももちろん同様だ。

私も恥ずかしながら、プライベートで北海道をレンタカーにて旅行中、周囲に何もない直線の道路で速度を出し過ぎてスピード違反の取り締まりを受けたことがある。制限速度が時速50kmのところを時速70kmで走行してしまい、時速20kmぶんの超過であった。この場合、違反の点数は2点が加算され、反則金は1万5000円を納付する。当時は鉄道会社に勤めていたが、業務で車を運転するわけではない。そのため特に会社に報告の必要はなく、反則金を支払って次回以降は気をつければそれで話は済んだ。万が一その後も連続して違反をして免停となってしまっても、反則金の支払いは必要だが業務に支障はない。それが、バス運転士であれば、プライベートでの運転時に違反で取り締まりを受けた場合は会社に報告しなくてはならない。あと何点の違反で免停になってしまうか会社側が把握しておくためだ。たとえ2点の違反であっても、スピード違反のような自分に非

【*7】ただし、免許取り消しとなっても無給となるわけではなく、再取得までは車庫内での作業など運転免許を使わない仕事をすることになる。職は失わないものの、運転士に支給される乗務手当などは出なくなるため、給料は下がる。ただし、運転士の過失が大きい事故であれば解雇となる可能性もある。

があり安全上に問題がある違反は大変報告しづらいだろう。上司にも間違いなく怒られる。そしてその後は再び違反をして点数が加算され、免停や免許取り消しとなってしまわないよう、バスの運転時・プライベートでの運転時ともに今まで以上に緊張感をもって運転しなくてはならない。

私のようなバス会社の事務員や、鉄道会社の職員であれば、免許取り消しになることによって一部の業務に支障はあるかもしれないが、本来の仕事ができなくなるまでには至らない。数年に1度しか車を運転しない人が免許取り消しになるのと、バス運転士が免許取り消しになるのでは、受ける影響は何百倍も違う。こういったプレッシャーを常に感じるとなれば、バス運転士という仕事は心身ともに負担の大きな仕事であることは間違いないだろう。

バス運転士は休みが取りやすいし、ノルマもない

運転士の労働時間や休憩時間の扱いに関しては少々不満が残るようだ。しかし、逆に休日に関しては通常の土日休みの仕事よりもいいと言う運転士が多い。

まず「**休みが平日にもある**」こと。路線バスは年中無休で走っているので、運転士は土日休みではないことは想像しやすいだろう。ではどのように休みが決まるのか。4週8休という週休2日制の職場であれば、土日休みの人、日月休みの人、火水休みの人……と7パターンに分かれて2連休となる。ただ、このままでは火水休みの人がずっと火水休みとなり、土日に休めないように思える。そのような曜日での不公平感がないように、3ヶ月〜1年ほどの周期で火水休み→木金土日勤務→月火休みのように、

通常5連勤のところを4連勤にして休みの曜日を1つ手前にずらす。これで平日休みも土日休みも発生するという仕組みだ。これなら、平日の空いている時期に出かけることが可能なうえに、土日休みのタイミングで土日しか休めない友人と旅行に行くこともできる。[*1]

次に「**休みの予定が数ヶ月先まで事前にわかる**」こと。運転士の勤務は中央営業所なら約100通りあるダイヤを順番にこなす形になっている。1番→2番→3番→4番→5番→休→休→6番…（中略）…100番→1番といったように、4ヶ月ほどで勤務が一周してまた最初に戻ってくるので、この勤務のサイクルを先まで読んでいけば半年後であってもいつ休みなのかわかる。また、バス運転士の勤務は出退勤時間もバラバラだが、これも勤務のサイクルを先まで読むことにより、どの日が何時に出退勤かも、かなり早い段階からわかる。例えば半年後の夜に好きなアーティストのコンサートがありチケットを取りたい場合。勤務を確認すると、休みではなかったが、6時出勤で15時退勤の日であることがわかった。これなら夜にコンサートに行けるのでチケットを確保できる。また、旅行に行く場合も、平日休みなうえに事前に休みがわかっていれば、早い段階から安いチケッ

【＊1】ただし、この休みの決め方はあくまでも一例で、週休2日だが連休ではない会社もあるし、4勤1休という週休2日より休みが少ない会社もある。そのあたりの仕組みは求人票だけ見てもわからない場合も多いので、就職を希望する場合は事前に人事担当者に確認するのがいいだろう。

トを確保することができる。さらに、休みの前日の退勤が早ければ、休みの前日の夕方の飛行機を取って2・5連休として旅行をすることも可能だ。[*2]

さらに**「有給休暇が取りやすい」**こと。多くの企業で有給休暇の取得が進まない理由は様々だが、「職場に休める空気がないから」[*3]、また、「自分が休むと同僚が多く働くことになる」といった理由が上位である。このあたりの問題に関しても、バス運転士であればほぼ解消されている。運転士の職場は**「有給休暇はすべて消化して当然」**[*4]という空気であった。なぜか。人員が適切に配置されていれば「誰かが有給休暇を取得した所を働く担当」が確保されているので、「自分が休むと同僚が多く働く」ことにはならない。また、それだけで賄いきれない場合は休日出勤を募り対応することになる。

しかも休日出勤した運転士には割増賃金が支給される。休日出勤をしてでも稼ぎたい運転士は一定数いるので、休みたい人は休み、稼ぎたい人は稼ぐというバランスがうまく保たれている。また、長期間の休みも取りやすい。[*5] 100人の運転士がいれば1人が2週間休んだところで代わりに勤務できる人がたくさんいるので、1人あたりの負担が極端に増えることは

【＊2】ただ、年に1回ほどあるダイヤ改正の後は、バスの時刻はあまり変わっていないように見えても運転士の勤務は結構変わる。ダイヤ改正後は休みの曜日も変わる可能性が高いので要注意だ。

【＊3】ITmedia NEWS「有給休暇『日数増やして』より『買い取って』休めない理由は」を参照。
https://www.itmedia.co.jp/news/articles/1708/02/news031.html

【＊4】ただし休日のサイクルと同様、こちらも会社による。有給休暇の消化率は求人案内に記載されていることも多いので要確認。

ないからだ。[*6]そのため、少しずつ有給を使う人もいればまとめて一気に使う人もいる。ただし、お盆や年末年始など休みたい人が多くいる時期は希望者を全員有給休暇にできないので、抽選などの場合もある。

また、バス運転士特有のいいところは休みの取りやすさのほかにも、**バスに乗ってしまえば1人で仕事ができる**ということである。乗客から苦情を言われたとしても、その時は腹が立つかもしれないが、その乗客が立ち去ってしまえばそれで終わり。事故や不祥事を起こさない限りは運行管理者など上司と話す機会も少ない。一般的な会社であるような、今日も明日も苦手な上司とずっと過ごさなくてはならないという状況にはならないので、そのあたりは気楽だ。仕事のノルマもないので、その日運転して退勤すればそれで仕事は終わり。職種によっては家に仕事を持ち帰ってサービス残業をするような会社もあるかもしれないが、**運転士なら家に帰れば仕事のことを考える必要がない。**休みは休みと気持ちを切り替えて過ごせるのもメリットだ。こう聞くと、意外とバス運転士の仕事もいいな、と感じる人も多いのではないだろうか。

【＊5】一般の企業であれば「2週間休みを取って海外旅行に行きます」なんて言った日には「何を考えてるんだ」と怒られるかもしれない。これもバス運転士であれば問題なく休むことができる。

【＊6】とはいえ、長い連休が取りやすいのは一定以上の規模の職場だけである。運転士が10名～20名ほどの規模の職場だと同僚の負担が大きくなってしまうためだ。大型連休を取りたいなら規模の大きい職場を選ぶといいだろう。

バスはなぜ遅れる？一筋縄ではいかない事情

バス停でバスを待っていてもバスがなかなか来ないと思うことは多いだろう。極力遅れないように努めて運転しているものの、運転士の努力だけではどうにもならない部分がある。その一例を紹介する。

遅れる理由①高齢者の乗降

東京都ではシルバーパスというものがある。これは、年間1000円[*1]で都営交通および民営を含めた路線バスの大半が乗り放題になるというものだ。シルバーパスは格安であるため、都内のバスは鉄道と比べて高齢者の利用が多い。鉄道で行けば5分の距離を、バスなら無料になるからと30分かけて乗車する姿も多く見かける。また、歩いて5分ほどのバス停1区間

【*1】所得金額による。

だけを乗車する人もいる。昼間の都内を走るバスは高齢者の乗客が多いのが現状だが、どうしても高齢者は乗降で時間がかかってしまう場合が多い。

もちろんその乗客に非はないので、口では「ゆっくりでいいですよ」とは言うものの、内心（**これでバスが1分遅れてしまった……**）と思ってしまう運転士がいても仕方がない。また、高齢者は車内での転倒事故防止のため、**極力座ってもらいたい**ところだ。車内が混雑していても、比較的高齢者に席を譲ろうとする乗客はいて、それはすばらしいことだ。ただ、「いいえ、すぐ降りるので結構ですよ」と断る高齢者もいる。さらに「いやいや、座ってください」とやりとりが発展してしまうと、もちろんその間はバスが発車できない。優しい光景である半面、運転士の立場で言えば遅れの原因となってしまう。[*2]

遅れる理由②ＩＣカードのチャージ

そのほかよくあるのは、ＩＣカードの残額不足により車内でチャージをする場面。ＩＣカードをチャージするためには、運転士がチャージの操作をし、乗客はＩＣカードを読取機に乗せて紙幣を投入する。チャージ完了

【＊2】そのため、私は乗客としてバスに乗っている場合、車内が満席のときに高齢者が乗り込んでくるのを見た瞬間に席を立ち、あたかも最初から席が空いていたかのような状況を作り出す。高齢者に直接声をかけるのが照れくさいというのもあるが、それがもっともスムーズに高齢者に着席してもらう手段だと思っている。

後、いったんカードを読み取り機から離し、再度タッチすることにより運賃が収受される。残額が足りていれば5秒もあれば運賃が収受できるところを、チャージしてからだとどんなにスムーズにいっても20秒はかかってしまう。チャージするお金を財布から探したりするとさらに時間がかかる。よく「コンビニでもチャージが可能なので、事前チャージにご協力くださいい」とバス会社がポスターを出していることがあるが、それは車内でのチャージが遅れの原因のひとつだからである。

遅れる理由③乗客からの問い合わせ

これも対応が難しい。始発停留所で時間がある場合はまだいいが、途中の停留所で乗車前に質問をされてしまうと、正直困る。「どこどこに停まりますか」などの即答できる質問であればもちろんいいのだが、こんなこともあった。

「20系統に乗りたいのですが」

そう言われても、このエリアには20系統は存在しない。

「20系統はありませんので、お客さまはどこに行きたいのですか」

「いや、20系統に乗って景色を見ればわかるはずなので。住所などはわかりません」

本来なら「その近くには目印となる建物はありますか」などと詳しく状況を聞いて正しいバス停を導き出したいところだが、運行の途中にじっくり対応するにも限度がある。ある程度のところで「申し訳ありませんがご乗車されないのであれば発車します」と対応を切り上げるしかない。

遅れる理由④フードデリバリー

乗客以外にも、最近はフードデリバリーの危険運転も話題になる。特に気になるのは**路上駐車**だ。大手の運送会社であれば、業務上の都合で路上駐車をする場合であっても、バスの運行の支障にならない場所に停めていることが多い。それが、フードデリバリーはそういったノウハウがないので、運行の支障になるところに停めてしまう。バスは車体が大きく、乗用車であれば避けて進めるような駐車車両でも対向車がいると避けられない場面も多い。そうなると対向車が途切れるまで待たざるをえず、遅れが発生する。

これら様々な原因でバスは遅れていく。もちろんバスは遅れる乗り物なので仕方ないことだが、あまりにも遅れると乗客も本来の予定を遅らせることになってしまうかもしれない。時刻表が定められている以上、できる限り時刻通り走りたい。そう思って普段やっている安全確認の手順を省略してしまうと、そういう時に事故が発生する。**遅れても焦ってはいけないし、何があっても平常心を保つことが重要だ。**[*3] わかっていてもこれが一番難しい。

ここまで運転士の仕事について説明してきた。大変な仕事だと思うかもしれないが、意外と自分に向いていそうだと思う人もいるだろう。バス運転士の仕事は人手不足で激務というイメージばかりが先行しており、確かに大変な面もある。しかしそれはどの仕事にも言えることだ。**バス運転士の仕事は大変だけど休みは比較的取りやすいし、運転が仕事なので退勤してしまえば気楽というメリットもある。**それを知ったうえでバス業界に入ってもらえれば、思っていた環境と違ったというギャップに苦しむことも減るのではないかと小野さんは話していた。このページをきっかけに、運転士の仕事に興味を持ってもらえれば私も嬉しい限りだ。

【＊3】小野さんは、遅れを取り戻すことも大事だが、何よりも事故や危険がなく運行することが一番大切なので、10分程度の遅れは気にしないようにしていると言っていた。

バスの運転体験ができるイベントが時々開催されている

私も初めてのバスの運転を体験。乗用車とは勝手が違い、難しい

コラム 3

バス停が見つからない！ どうやって探す？

見知らぬ土地では意外とバス停を見つけるのに苦労する。今回はその見つけ方を解説しよう。

まずは駅からバスに乗るパターン。たいていはバス乗り場の案内板があるので、バス停は見つけやすい。ただし、出口が複数ある場合はその出口から発着するバスしか案内がないこともあり、目当てのバス停が見当たらないときは別の出口も確認する必要がある。まれに、駅前のロータリーにバス乗り場があるのに、乗りたいバスが見当たらないこともある。その場合は、ロータリーから出た道路上にもバス停がないか確認しよう。バスの系統が多すぎて一部のバス停はロータリー外にある場合や、駅が終点ではない場合などにロータリー外にバス停が設置されていることもある。どうしてもわからなければ、案内所の係員や駅員に聞くのが確実だ。

武蔵小杉駅を例に見てみよう。駅北側の「小杉駅前」バス停がメインのバスターミナルで、主に南武線の線路の北側を通るバスが発着する。駅の南側の国道409号線上にはこの道路を通る「東横線小杉駅」バス停がある。なお、東横線小杉駅は終点ではないためロータリーはなく、街中のバス停と同じように歩道上に設置されている。さらに、少し離れた所には「横須賀線小杉駅」バス停があり、小杉駅前停留所とは逆に、南武線の南側を通るバスが発着する。もう一箇所、近年の改良工事に伴い新たに設置された「小杉駅東口」バス停もある。東急線と相鉄線の直通で行先が複雑になったと話題の武蔵小杉は、バス乗り場も複雑だ。

バス同士を途中の停留所で乗り継ぐ場合など、駅以外の場所からバスに乗りたいときはさらに厄介だ。Googleマップに目的地を入力すれば、バスを

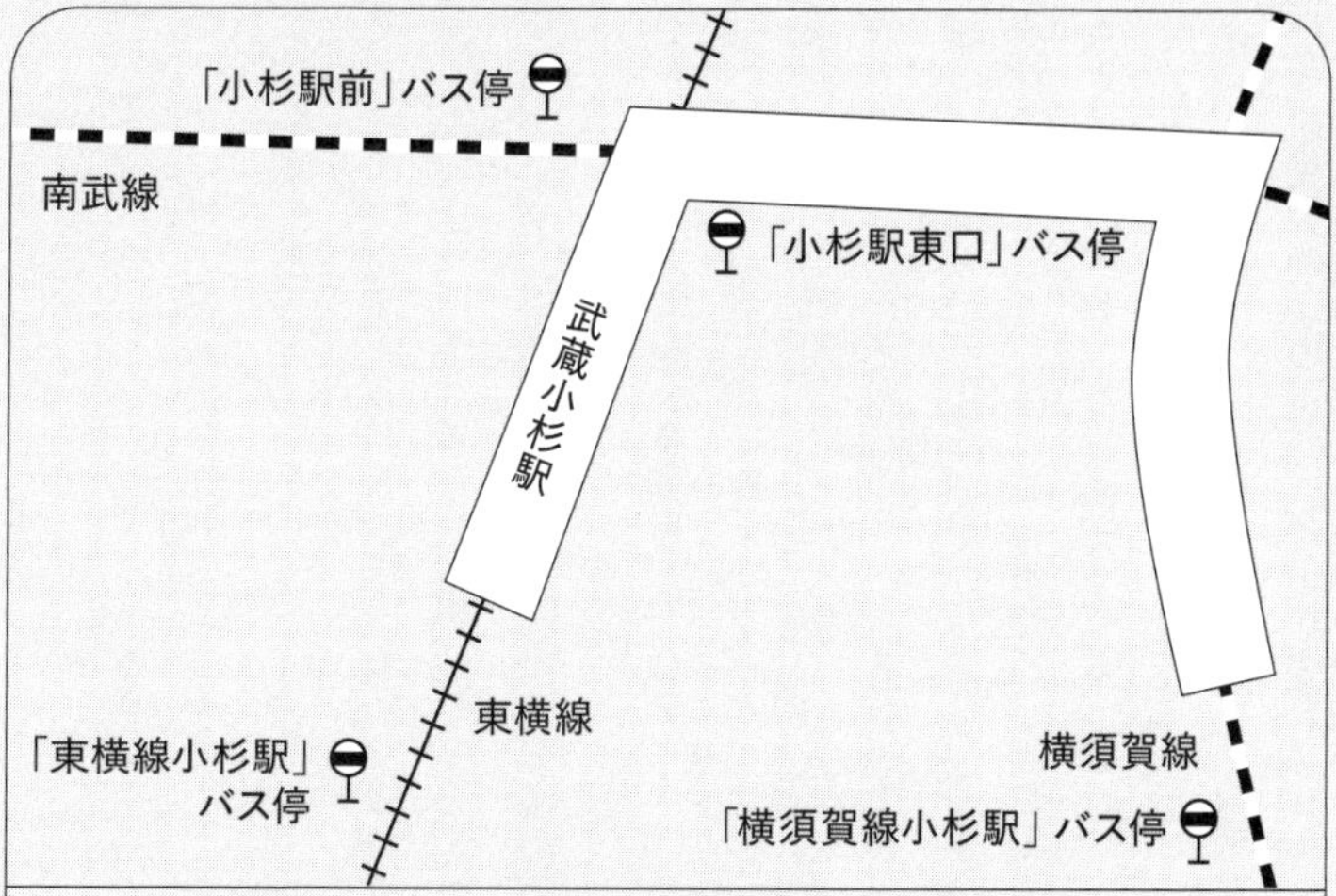

武蔵小杉駅のバス停

使った経路を検索してくれるので一見すると迷わない。しかし、案内されるバス停の位置へ行って行先の案内を見ると、乗ろうとしているバスの記載がないことがある。これは、交差点付近に設置されているバス停を中心に、上下線のバス停が１００ｍほど離れていたり、十字路付近では系統によって十字路の四方向すべてにバス停があったりするからだ。乗ろうと思った行先のバスがなくても、焦らず周囲を見渡そう。また、Googleマップは目的地を入れると細かいバス停の違いについても案内してくれることが多いので、地図をよく確認してみるのも手だ。

Googleマップに情報が収録されていない路線の場合はどうか。これもバスNAVITIMEというアプリが優秀で、日本全国の大半のバス会社の路線が収録されているため、そちらの経路検索画面に目的地を入力すればバスを利用したルートを提示してくれる。一部機能が有料だが、目的地へのバスの検索は無料で使用できるので、積極的に利用をおすすめしたい。

現役運転士に聞いた！運転士の実情レポート

小野さん

都内のバス会社に勤める8年目の運転士。運行管理者から運転士へ転身したバス業界では珍しい経歴。

Q なぜバス運転士を目指したの？

A 実は運転士になる前にバス会社の総合職として入社し、運行管理者として勤務していました。ですが、物心ついた頃からずっと好きだったバスの運転をしたいという気持ちがずっとあり、当時運行管理者は残業も多く仕事もかなり大変で、転職しようかなというときに、バス運転士になった大学の友だちから紹介される形で運転士になりました。

Q 運転士の採用試験はどんな感じ？

A 知人紹介制度で受けたので、営業所の所長と本社で面接をしました。普通の会社の面接とはやはり違って、お客さんとうまくやれるか、命を預かる責任感があるか、といった人間性の部分が重視されていると思います。私の会社ではその部分を非常に見ていて、運転士が不足しているけれど、誰でも受かるわけではないと思います。しかし、会社によってレベルは実際違っていて、緩い会社であればどうしても苦情が増える気がしますね。

また、大型二種免許を持っている場合は実技試験がありますが、自分は持っていなかったので実技試験はありませんでした。養成制度というものがあり、費用は会社負担で入社後に2週間ほど教習所に通い、大型二種免許を取得しました。

Q バスの運転の難しさはどんなところ？

A いわゆる乗用車は、タイヤが運転席の前にありますが、バスはその逆で、運転席があって後ろにタイヤがあるので、カーブを曲がる際に感覚が違うんですよ。右左折の際にはちょっと奥に突っ込んでから ハンドルを切るんですが、その感覚をつかむのがけっこう難しい。

バスの運転士をやる前にはトラックを運転していた人も多いですが、同じ大きな車を動かしていても、トラックは自分の真下にタイヤがあるので、カーブの感覚をつかむのに意外とコツがいるそうです。あと、ブレーキをかけるのが難しい。路線バスは満載状態には定員80名ほど、乗客だけで何tもの重さにもなるのでそれだけ強力なブレーキが搭載されています。エアブレーキというのですが、軽く踏み込んだだけでがくっとなりがちで、こちらもコツをつかむのに少し時間が要ります。

Q　バス停やルートを覚えるのは難しい？

A　自分の場合は地元ではない知らない土地だったので最初は大変でした。それでも研修中に同じ路線を日に3回も往復していれば、ここを曲がるんだなとか、だんだん覚えてきます。

路線バスは決まったところしか行きませんし、できるだけ右左折が少ない経路が選ばれているのでなんとかなります。バス停は1路線につき最大20個程度で担当する路線も大きく分けて10個もないかなと思います。

Q　1日の流れは？

A　一番早い出勤時間が5時25分出勤ですが、私は家が近いことと睡眠時間をできるだけ長く取りたいので、出勤は時間ギリギリです（笑）。出勤後は、私の会社ではまずアルコール検査、その後バスの日常点検、そして点呼を受けて出庫します。早く出勤をして、朝ごはんを食べたり談笑したりしながらゆっくり点検を済ます人もいます。
いざ出庫すると、4～5時間は営業所に戻ってきません。その後、休憩もしくは中休（朝のラッシュ時と夕方から夜のラッシュ時の間の長めの休憩時間）となります。休憩の場合は基本的に営業所内の食堂で食べて、1時間ほど休みます。中休の場合は

3〜5時間ほど空きますが、家に帰る人は少なく、気分転換に外で食事をし、営業所の仮眠室で仮眠して夕方に備えるというパターンが多いですね。勤務が終わり入庫したら、日報を書いて退勤です。

Q　バスの日常点検ってなにを確認するの?

A　日常点検ではタイヤの空気圧やヘッドライト、ウインカーなどの灯火類の点検、エンジンのかかり具合、ドアの開閉が正常かや車内チャイムが鳴るかなどを確認しています。

点検項目はかなりの数あるので、25分ですべて点検できるように研修の時に特訓します。

Q　アルコール検査は大変?

A　私の会社では出勤時、退勤時と2回、中休勤務の日は前半戻ってきて検査、後半の出勤時にも検査で1日4回行うので、それなりに大変です。以前に運転士の飲酒運転が全国的に大問題となったことで非常に厳しくなったようです。パンのほか、ホットレモンや、メンソール系の煙草、エナジードリンク、はたまた入れ歯の洗浄剤にもアルコールが含まれていて、検知器に反応してしまうこともあります。検知器に息を吹きかけるとカチッと音が鳴るのですが、通常はそこから2秒ほど経つと異常なしの表示が出ます。しかし、3秒、4秒と経っても結果が出ないときはヒヤッとしますね。この場合、機械がアルコールを検知したかどうか精査しています。5秒〜10秒くらい機械が考えて、セーフの場合は何事もなく異常なしの表示が出てほっと胸をなでおろしますが、アウトの場合はカンカンカンと警告音のような音が鳴ります。

Q　運転士同士の人間関係は?

A　運転士は、勤務時間中はほとんど一人なので、人間関係で悩むということはあまりないです。逆に、仕事中は車内アナウンスなどでしゃべることはありますが、お客さんとも一言二言で終わってしまうし、会話という会話をすることがほぼないです。

だから、営業所に戻ってくると長時間おしゃべりしている人は多いです。仕事柄話したがりになるのかもしれません。運転士はとっつきにくいから人間関係も殺伐としているんじゃないかと思われるかもしれませんが、実情は真逆で、運転士同士にはなんとなく仲間意識のようなものがあります。

Q　苦情は言われる？

A　これが、実は全然言われません。運行管理者をしていたときは散々苦情を言われていたので、外に出たら相当直接いろいろ言われるんだろうなと思っていたら、全然言われない。

冷房が寒いとかは直接運転士に言えばいいのに、それすら言われずあとで営業所に電話するようです。一度冷房が壊れたまま出庫してしまい、ものすごく暑かったことがあり、絶対になにか言われるだろうと思っていたときも言われず、「車両を交換してほしい」という無線を自分で入れるより先に、営業所から「暑いと苦情が入ってます」と無線が入ったくらいでした。あとは、これも直接は言われませんが、営業所によく入る苦情として「バス停で待っていたのに通過された」というのも。暑かったり雨が降ったりしていてバス停の前のマンションのエントランスなんかにいられると、運転席からは全然見えない。最近は屋根付きのバス停で、道路側がガラス張りになっており、さらにそのガラスに大型の広告が貼られているものもあります。待つ環境としては非常にいいですが、どうしても死角になりやすく運転士からすると見えづらいです。

Q　繁忙期はある？

A　路線バスの運転士の場合には、繁忙期という概念はありません。逆に観光バスであれば繁忙期はずっと出勤して、閑散期にはしばらく休みみたいな勤務体系のようです。

Q　辞めてしまう人は、どんな理由？

A　朝早く夜遅い不規則な生活や、拘束時間が長いといった特有の環境に慣れることができず、ストレスで辞めてしまう人は一定数います。それでも、辞めたあとに結局別のバス会社で運転士をやっているなんていう人も多くて。また、民間を辞めて都営バスなどに転職する人もいて、公営というのがやはり魅力的なのかもしれません。ただ、給料の面ではいまは公営も民間もあまり差はないようですが。

Q　運転士になって意外だったことは？

A　社会的な信用度が高いことでしょうか。知名度のあるバス会社であれば、家や車のローンが通りやすいというのが面白い発見でした。運転士は車の運転が好きな人が多いので、バス会社の駐車場を見ると年収のわりにいい車が多いです（笑）。やっぱりローンが通りやすいみたいです。

Q　運転士と運行管理者の仕事、どちらのほうがいい？

A　運転士になりたくて今の仕事をしていますが、総合職で順当にキャリアを積んでいれば企画のようなクリエイティブな仕事もできて、大学で学んだことが活かせたのかもと考えると、ちょっともったいない気もしますね。運転士をやり始めた頃は、運行管理者のほうがよかったんじゃないかと思ったときもあるし、運転士の楽しさや気楽さもあるしで、いまだにどっちがいいんだろうって思いながら働いています。隣の芝は青い状態（笑）。

それでも、運行管理者時代は仕事の悩みやストレスがずっと続くことがしんどかったですが、運転士はノルマもないし、仕事が終わっちゃえばもうそれっきりという気楽さがすごくあるので、そういった面では向いている人にはいい仕事だと思います。

2章

全国・世界のバス乗ってみた

全国・世界のバス 1

120系統 那覇空港～名護バスターミナル（琉球バス・沖縄バス）

「沖縄のバスは遅れやすい」

このフレーズは有名である。しかし、なぜ遅れやすいのかは考えたことがなかった。

今回乗車するのは沖縄の玄関口である那覇《なは》空港から、沖縄北部の主要都市である名護《なご》を結ぶ路線。この区間は高速バスも通っているが、一般道を走る路線バスもある。今回は一般道経由のバスに乗車してみる。

那覇空港のバス乗り場には発車の10分前に余裕をもって着いたつもりだったが、その直後にバスが到着。何事かと思ったら、1本前のバスが15分ほど遅れてやってきたのだった。

路線バスは通常、途中で遅れが発生しても終点での折り返し時間に余裕を持たせ、反対方向に出発する場面では遅れが戻るようになっている。それがここ沖縄ではうまく機能していないようだ。空港から乗車したのは私だけ。その後、国際通りなどの那覇市の中心部で乗客を数名乗せる。ちなみに沖縄のバスではＳｕｉｃａなどの全国相互利用可能なＩＣカードは使えず、ＯＫＩＣＡというカードのみ使える。乗ってくる乗客はＯＫＩＣＡを使わず現金で支払う人が大半だったので、恐らく地元の利用者ではなく観光客だろう。

那覇市の中心部を抜けると、沖縄の主要な国道である国道58号に出る。ここは多い所では片側4車線もあり、車社会の沖縄らしさを感じる。途中停留所での乗降は少なく、運行も比較的スムーズだ。那覇の大都会らしい風景を抜けると、嘉手納町《かでなちょう》などを経由して恩納村《おんなそん》に入る。恩納村は海沿いに細長い形をしているのが特徴的で、海沿いにリゾートホテルが多数立ち並ぶ。ここで下車する人が多かった。この付近の区間は所々で海が見えて心地よい。その後は名護市に入り、終点の名護バスターミナルに到着。ここで降りたのは私だけ。沖縄のバスなので、さぞ遅れて到着しただろうと思ったら、空港で乗車したときと同じ、15分遅れのままだった。また、名護バスターミナルは車庫になっており、反対方面の那覇空港行きが車庫から出てくるが、これは時刻通り発車していった。沖縄のバスだからといって常に遅れるわけではないようだ。つまり、車庫を出る時点では時刻通り出発している。しかし、沖縄は渋滞が激しいために、終点に着く頃には遅れている可能性が高い。また、長距離運行する系統が多いため、折り返しで遅れを取り戻すチャンスも少ない。その結果、那覇空港発の時点で遅れているということだろう。バス会社としても遅れたくて遅れているわけではなく、遅れるバスと遅れないバスが混在する結果になり[*1]、それが不慣れな人にとってわかりづらくなってしまっている。

そういった事情もあり、沖縄では観光客の移動手段はレンタカーが主流だが、今の時代はスマホでバスの位置情報も確認できるようになっている。うまく活用して沖縄をバスでも移動したいところだ。

【＊1】この時の沖縄滞在では複数回路線バスを利用したが、この名護バスターミナルから乗車するもの以外はすべて遅れて到着した。

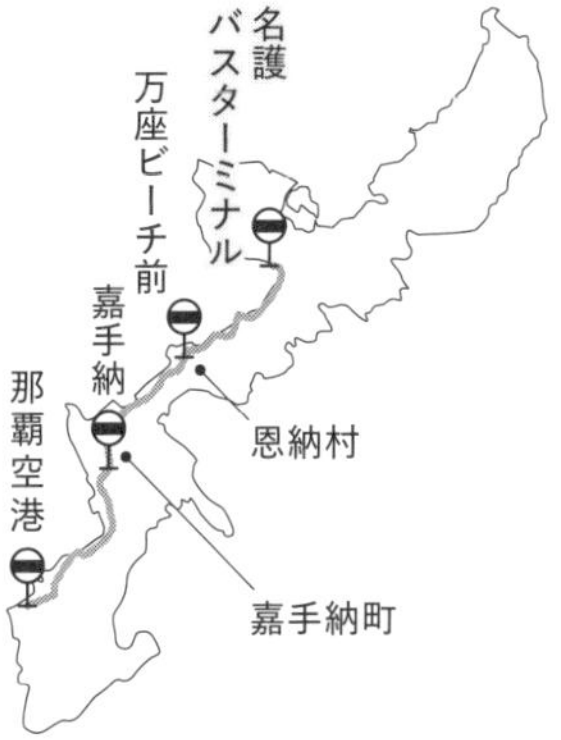

那覇空港から名護バスターミナルまでを
繋ぐバス路線（所要時間約3時間）

終点の名護バスターミナルに停車中のバス

全国・世界のバス

2 Silver Line Union Station ~ Harbor Gateway（ロサンゼルス郡都市圏交通局[*1]）

ロサンゼルス最大の駅であるUnion Station（ユニオン駅）付近の宿を拠点に旅をしていたが、日本のラーメンの味が恋しくなった。私の好きな二郎系というジャンルのラーメンを扱っている店が、ロサンゼルス南部のTorrance（トーランス）[*2]という都市にあるらしい。このTorrance、私はまったく知らなかったが、日本企業が多く拠点を構え、日系人の人口が約1割という場所だ。がぜん興味が湧き、どのような所なのかぜひ行ってみたいと思った。Googleマップにラーメン店の住所を入力すると、バスを乗り継いで訪れる方法がすぐに出てきた。海外でもバスのルートは意外とすんなり検索できる。

Union StationからはSilver Line（シルバーライン）というバスに乗る。

【＊1】 Los Angeles County Metropolitan Transportation Authority 略称はLACMTAで、ロサンゼルス郡の公共交通の一部を運営。ロサンゼルスの地下鉄の正式名称はMetro Rail（メトロレール）。Blue Line/A LineやRed Line/B Lineなど、ラインカラーがそのまま路線の名前になっている。地下鉄のほか、バスもメトロ・ローカルバスやメトロ・エクスプレス（高速道路経由の路線）が運行されている。ちなみに、Union StationからHarbor Gatewayは私が乗車した区間であり、実際の起点と終点はEl Monte ~ San Pedroである。

【＊2】 ロサンゼルスの南、サウスベイエリアにある中規模都市。かつては石油産業でにぎわい、原油の採掘量が急減した現在は日系企業を含む多くの企業の集積地となっている。

これが想像を超えるバスだった。バス停で待っていると、その名の通り銀色の車体のバスがやってきた。前面には自転車が載っている。日本でも自転車を運べるバスはわずかに存在するが、ロサンゼルスでは一般的なようだ。そして最初に悩むのは運賃の支払い方。ただ、バス停には2・5ドル均一との記載があり、わかりやすい。さらに、TAP（タップ）カード[*3]という交通系ICカードを持っていたので、これをタッチすれば小銭を用意しなくても簡単に支払える。ICカードの利便性は世界でも共通だ。アメリカは車社会だからか、そこまで混雑しておらず、座席が8割埋まるくらいで駅を出発。

Torranceまでは30km以上離れているが、どんな所を通るのだろうか、と思っていると高速道路に入り、ぐんぐんスピードを上げていく。日本でも、都市高速を通る路線バスはあるが、時速60kmが上限である。それがアメリカでは時速100kmに到達。もちろん普通の路線バス用の車であり、乗客用のシートベルトはない。そして日本の高速バスと同じように、高速道路上にバス停が設置され、そこで乗降する。日本と同じ感覚だとかなり珍しい怖いバスに乗ってしまったと思うかもしれないが、これがここでの日常

【＊3】日本で言うところのSuicaやPASMO。タップカードは券売機で購入可能で、選んだ料金分がチャージされたカードが出てくる。

である。そう受け止めて目的地へ向かう。高速道路区間を終え一般道に出て、Harbor Gateway（ハーバー・ゲートウェイ）で下車。Union Stationから25 kmの距離を30分で駆け抜けた。日本のバスであれば30分で15 km進めばいいほうである。

驚くところは運賃にもあった。このバスを全区間乗り通すと約50 kmを移動できる。日本の鉄道に換算すると東海道線の東京駅～藤沢駅くらいの距離で、この場合は990円かかる。それと同等の距離で2・5ドルだ。しかも日本とアメリカでは物価が違う。参考に、空港で買った約500 mlの炭酸飲料の価格は2・7ドルだった。50 kmの移動が500 mlの飲料より安いということは日本ではありえない。もちろんこのバスは運賃収入だけで経営が成立するとは考えられず、税金が財源である補助金で維持されているのであろう。日本では赤字路線は悪という考えが一般的だが、海を渡ると日本の常識とはだいぶ異なると感じたバスであった。

ちなみに、このあとバスを乗り継いで目的のラーメン店に無事到着。ラーメンの値段は16ドルで、こちらも日本の倍くらいの価格で常識と違ったが、大変おいしくいただくことができた。

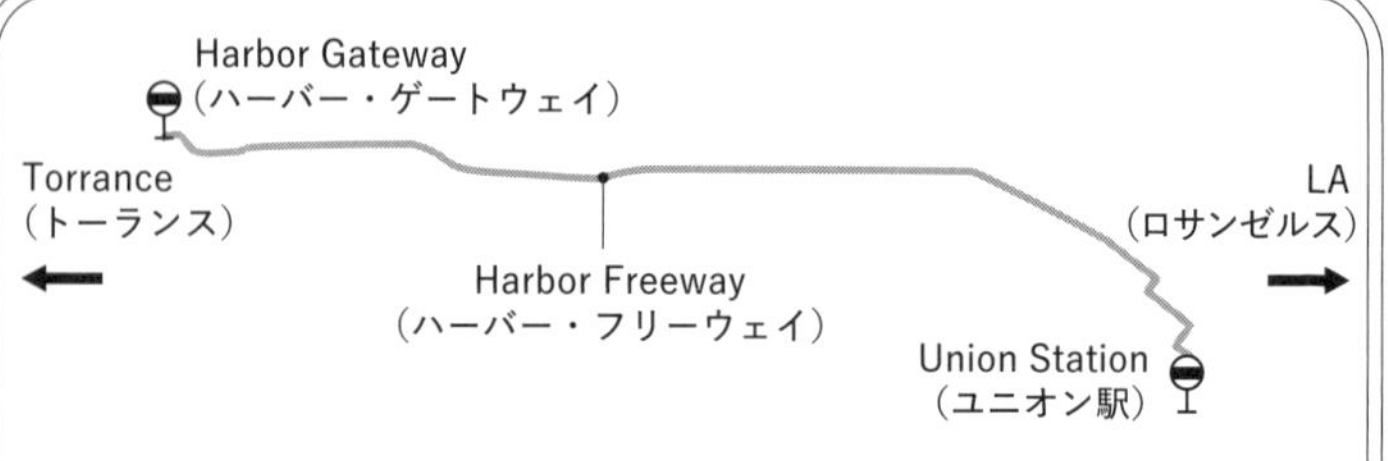

Silver Line（シルバーライン）で
Union StationからHarbor Gatewayまで向かう

シルバーラインというだけあり、車体は本当にシルバー

トーランスで食べた16ドルのラーメン

全国・世界のバス 3

都01系統 新橋駅前〜六本木一丁目駅前（東京都交通局）

東京都心、特に山手線の内側エリアは地下鉄の路線網が張り巡らされているため、路線バスを使う機会は少ないかもしれない。もちろん地下鉄を使えばたいていの場所に行くことはできるが、乗り換えが多数必要な場所もある。今回の目的地はテレビ東京。「ローカル路線バス乗り継ぎの旅」のチーフプロデューサーである越山進さんにお話をうかが[*1]うためだ。

最寄り駅である六本木一丁目駅は東京メトロ南北線のみが乗り入れ、南北線や直通する東急・相鉄・埼玉高速鉄道以外の駅からは乗り換えが必要だ。私の住む千葉から総武線快速を利用し、地下鉄に乗り換えるルートを使うと、新橋と溜池山王《ためいけさんのう》で2回の乗り換えになってしまう。何とか乗り換え1回で行けるルートはないものか調べたところ、このバス路線に行きついた。

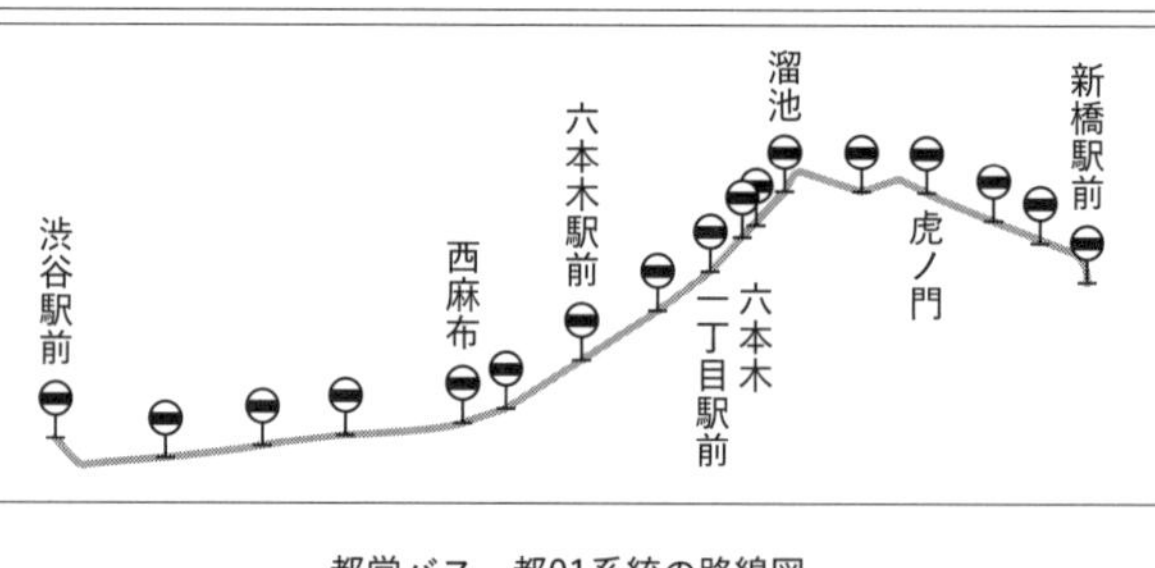

都営バス・都01系統の路線図

この都01系統はもともと都電6号線が走っていた区間をバスに置き換えたもので、都営バスの中でも利用者数や収入額が上位に位置する主要な系統である。また、グリーンシャトルという愛称もつけられている。[*2]

新橋から乗車したのは13時05分発の便。日中は約9分間隔で走っていて、本数は申し分ない。乗客数はというと、都心の地下鉄であれば平日昼間でも意外と混んでいるので、こちらも混んでいる姿を想像したが、座席が7割埋まる程度で思ったより少ない。やはりこのあたりの主要な移動手段は地下鉄だと感じさせる。定刻通り新橋駅を出発。交通量も多いため、渋滞による遅れが発生しないか不安だったが、一部の停留所では時間調整の停車を行うくらいダイヤに余裕があった。住宅地から駅を目指すような典型的なバス路線と異なり、各停留所それぞれに乗降がある、まさに路面電車のような路線だ。所要時間は15分ほどで、時刻通り六本木一丁目駅前に到着。バスは終点の渋谷駅方面に向けて走り去っていった。

無事に新橋駅から乗り換えなしで六本木一丁目駅に着いたものの、テレビ東京へは急坂を登る必要があり少々疲れた。南北線の六本木一丁目駅からは直結していたようで、地下鉄を利用するのが便利だったかもしれない。

【＊1】　詳しくはp．228『ローカル路線バス乗り継ぎの旅』チーフプロデューサーとバス旅の魅力を語り尽くす！」を参照いただきたい。

【＊2】　東京都心の自動車交通量の増加・慢性的な道路渋滞によるバスの遅延などに伴い、省エネルギーの効率的な交通体系を確立するための、新しい形のシステム「都市新バス」が整備されることに。この都市新バスシステムを導入した最初の路線が1984（昭和59）年に運行を開始した渋谷駅前－六本木駅－新橋駅前を結ぶ都01系統。「グリーンシャトル」は4000件の応募の中から選ばれた名称。

全国・世界のバス 4

境町自動運転バス 第2期ルート 高速バスターミナル〜道の駅さかい

自動運転バスについての報道を近頃たびたび目にするが、自動運転バスがもっとも本格的に運行されている地域のひとつが茨城県の境町《さかいまち》である。[*1] 境町は宇都宮線の古河《こが》駅が主な最寄り駅だが、古河駅から役場までは15kmほど離れており、町内に鉄道駅はない。[*2] 代わりに圏央道の境《さかい》古河《こが》ICが役場の北側にあり、その付近には東京駅までの高速バスが発着する高速バスターミナルがある。自動運転バスはこの高速バスターミナルから町の役場付近を経由し、道の駅さかいまで向かう。東京発着の高速バスと接続を取ったダイヤになっており、地元住民が高速バスに乗り換えて東京を目指すのに使えるのはもちろん、自動運転バスを東京から利用しに来た人にとってもスムーズに乗り換えて利用できるダイヤになっている。

【*1】 茨城県境町では2020年11月に自動運転バスを実用化、定常運行を開始。境町には鉄道路線がなく、公共交通インフラの強化が急務であった。

【*2】 路線バスは走っているが、本数も十分とは言えないことに加え、住民の高齢化に伴う免許返納の流れもある。

運行形態については、日中のみ1日4往復運行しており、1本目である10時18分発に乗車する。平日だからかほかの利用者はおらず、乗客は私だけだ。バスは「ナビヤ アルマ（NAVYA ARMA）」という電気自動車[*3]で、乗車直前まで充電ケーブルが繋がれていた。

定員は運転士を含めて11名。このバスが行っている自動運転は「レベル2」[*4]で、基本的には自動で運転するが、障害物を避けるなどの場面で運転士の介入が必要なため、運転士も乗務している。とはいっても通常のバスのような運転席はない。

車内の構造は大型のロープウェイのような印象を受ける。車内の前方に運転席はなく、代わりに進行方向後ろ向きの座席がある。反対の車内後方には進行方向前向きの座席がある。前向きの座席に座りたいところだが、ブレーキの際の衝撃が大きいためシートベルトの装着が必要だ。そのため、車内前方の後ろ向きの座席を案内された。腰をひねって後ろを向く必要があるが、この座席からでも前面展望を楽しむことができる。また、運転士は車内後方に立って乗務し、乗客への案内や、手動運転が必要な場面での運転操作を行う。どのように運転するのかというと、ハンドルやペダルは

【＊3】仏ナビヤ社製で、境町出身のアーティスト内海聖史氏によるデザイン。

【＊4】高度運転自動化にはレベル1～5があり、レベル1は運転支援に限定され、前走車に追従するACC（アダプティブ・クルーズ・コントロール）などがこれにあたり、レベル4では限定された条件下でドライバーが運転席を離れることができる。

なく、ゲーム機（Xbox）のコントローラーで操作する。まるでレースゲームをするかのような感覚で運転することができるのは驚きだ。

始発停留所の出発時刻になった。運転士が出発の操作をすると、バスは自動運転で動き始める。次の停留所、葵カフェの付近では敷地内の駐車場の中を通るが、ここも問題なく自動運転で進んでいく。こういった敷地内のルートは通常のカーナビでは案内されないことが大半だが、この自動運転バスでは通るルートがすべてプログラムされており、GPSで位置情報を取得しながら進んでいく。[*5] しかし、仮に駐車車両が駐車マスからはみ出て停まっていると、障害物と認識し、手動での運転に切り替える必要がある。葵カフェを出ると本格的に公道に出る。最高速度の時速18kmを超えない程度のスピードでスムーズに走行していく。途中の停留所では、乗降がなくても必ず停車するようになっており、車内に降車ボタンはない。

少し走ると、運転士から「手動運転に切り替えます」と案内がかかった。道路脇に雑草が伸びており、これをセンサーが感知して障害物と認識してしまうため、手動で避ける必要があるのだ。

その後、県道に出る。先ほどまでは交通量が少ない道だったが、ここは

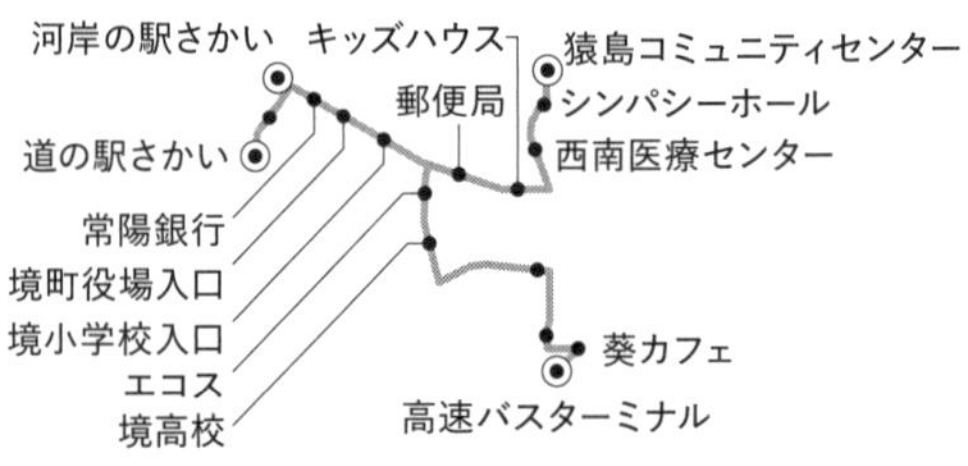

境町自動運転バスの現行ルート

ほかの車も多数走る道だ。時速18km以下で走る自動運転バスを、後ろを走る車が次々と追い抜いていく。他車が追い抜く分には基本的には問題ないものの、追い抜いたあとに他車がバスの直前に入ってしまうと、衝突すると認識してしまい、急ブレーキがかかるらしい。また、青信号を渡る際にも「手動運転に切り替えます」という声がかかった。ただ直進するだけなのになぜかと思ったら、現状では信号で必ず停止するようにプログラムされているためなのだそうだ。

大型のスーパーマーケットがあるエコス停留所では、前方にもう1台の自動運転バスの姿が見えた。実は境町には、私が乗っている高速バスターミナル発着の系統のほかに、町の西側にある猿島コミュニティセンターを発着する系統の自動運転バスがある。[*6]こちらのほうが沿線人口は多く、この系統とエコス停留所で相互に乗り換え可能なダイヤになっている。私の乗るバスはいまだ乗客ゼロであるが、前方の別系統の様子をうかがうと乗客の姿があった。地元住民にも日常的に利用されているようだ。

エコスを出ると県道を南下する。片側一車線で交通量が多く、対向の車も多いため、自動運転バスの後ろにすぐに車が連なってしまう。バス停に

【＊5】ちなみに、運行中のバスは車載カメラの映像を通しリアルタイムで遠隔監視されている。

【＊6】郵便局や西南医療センターの他、多目的ホールやスポーツ施設を備えたシンパシーホールといった住民の生活に密接に関わりのある施設を経由する。

停まると運転士が後続の車に手で合図を送り、後続を追い抜かせた。一度に10台前後が追い抜いていったので、自動運転バスを先頭にして結構な列になっていたようだ。

約30分の乗車で、終点の道の駅さかいに到着。乗客は結局私一人だったものの、この系統は企業などの視察や、自動運転バスに興味がある個人が乗車するにあたっては大変乗車しやすいため、乗客が少なくても問題ないだろう。

今後、境町では自動運転バスの運行路線をさらに拡大し、現状の2路線のほか第3期~5期とカバー範囲を広げていく予定だ。

さらに2023年内には新型車両を導入し、一定条件下で乗務員なしで運行が可能な「レベル4」の自動運転が計画されている。[*7] 現状では低速での運行かつ定員が少なく、まだまだ実験中の印象も受けるが、ここ境町での運行の知見が、将来的なバスの自動運転に活用されていくことは間違いないだろう。

【*7】福井県永平寺町で2023年5月21日から、日本初の「レベル4」の自動運転移動サービスが開始された。

境町の自動運転バス

自動運転バス車内の座席

全国・世界のバス
5
はかた号
博多バスターミナル〜バスタ新宿（西鉄バス）

日をまたいで運行し、車中泊となる高速バスは夜行バスと呼ばれる。夜行バスは所要時間こそかかるものの、安価に長距離を移動できることから、安さを重視する利用者に重宝されている。

その中でももっとも有名な夜行バスは「はかた号」だろう。人気番組「水曜どうでしょう」[*1]にて乗車シーンがたびたび放映されたことにより、その知名度は全国区となった。番組内では「キングオブ深夜バス」「過酷な乗り物」という謳い文句で登場しているが、今は当時のものから車両が新しくなり、過酷とは程遠い独特な立ち位置の乗り物になっている。

はかた号の豪華な内装

【＊1】「水曜どうでしょう」は北海道ローカルの番組だが、その人気ゆえに全国で今も再放送され続けている。

博多駅に隣接する博多バスターミナルからバスに乗車する。発車時刻は18時40分だ。夜行バスを利用するメリットとして、所要時間はかかるものの、「鉄道の最終便より遅く出て、始発より早く着くこと」がある。[*2] だが、本当にそうなのだろうか。東京行き最終の新幹線「のぞみ64号」は博多を18時59分に発車する。さらに飛行機でいえば福岡空港を21時20分に出る羽田行きの最終便がある。新幹線も飛行機も、実は「はかた」号より遅く出て早く着くのだ。先にあげたメリットは、はかた号には当てはまらなさそうだ。

そうなると運賃が安いのだろうと思うかもしれないが、はかた号の片道運賃は3列独立タイプの座席で1万7000円。新幹線や飛行機のチケットを当日購入する価格よりは安いが、福岡空港発着の格安航空を活用すれば東京まで1万円以下で行くことができる。さらに、同じ区間に天領バスという夜行バスも走っており、こちらは運賃が8000円。そうなると、はかた号は速さでも価格でも勝負にならない。

では、はかた号を利用するメリットはどこにあるのか。それはまさしく座席にある。はかた号の座席は「ビジネスシート」「プレミアムシート」

【*2】その条件に該当すれば、飛行機を除くと夜行バスが最速の交通手段となる。

という2つのグレードに分かれている。3列独立席のビジネスシートも座席幅・間隔ともに広くなっていて十分快適だが、さらに4席のみ設置されているプレミアムシートがある。運賃はビジネスシートに5000円を足した2万2000円で新幹線と変わらない価格だが、座席が個室となっているためプライベートな空間を確保でき、バスとは思えない快適な環境で移動が可能だ。[*3] このプレミアムシートは高速バスの座席史上、最大級に豪華である。通常の夜行バスは3列に座席が並ぶが、プレミアムシートは2列で、必然的に1人あたりの空間が広くなるうえ、必ず窓側の席になり、車窓を楽しむことができる。さらに後ろの席とは壁で仕切られており好きなだけ座席を倒すことが可能だ。[*4]

荷物も座席の後ろに置くことができる。高速バスの荷棚は狭い場合が多いので、空間を広く使えるのもありがたい。また、夜行バスの客室は夜間消灯するためスマホ等の光を発する電子機器が使用できないが、この問題も個室であるため解決する。

はかた号に乗車

【＊3】ただし、個室とはいっても座席の入り口の部分はカーテン状の仕切りであり、防音ではないので音漏れに関しては配慮が必要だ。また、道交法上、シートベルトの着用は個室席であっても万が一の事故の際に身を守るために義務づけられている。

【＊4】夜行バスでは快適性のために深く倒れるタイプのリクライニングシートを備えていることが多い。しかし最大限倒してしまうと後ろの乗客の席が狭くなり、乗客同士のトラブルになることもあるが、プレミアムシートであればその問題もない。

では、実際の走行はどんな様子だろうか。乗車するとすぐに乗務員から汗拭きシートとアイマスクが配られる。[*5]途中、福岡県内で天神《てんじん》駅や小倉《こくら》駅など4箇所の停留所を経由すると、次の停留所は終点の新宿となり、福岡〜東京間の輸送に特化しているのがわかる。22時頃、山口県の佐波川SAで休憩がある。休憩時間は15分間で、長時間の運行ではあるものの、特に食事時間は設けられておらず夕飯は乗車前に食べておく必要がある。休憩を終えてSAを出発すると、消灯時刻となりこれ以降はカーテンを開けないよう放送が入る。[*6]しかし、プレミアムシートであれば個室なのでこれ以降もカーテンを開けていても問題ない。夜景も好きなだけ楽しむことができる。少し景色を楽しんだのちに、就寝。私は夜行バスではどうしても落ち着かず、まったく眠れないこともよくあるが、今回はすぐに寝つくことができた。

翌朝。5時過ぎに目が覚めると周囲は明るい。愛知県内を走行中のようだ。新宿まではまだ4時間ほどあるので、日が昇った景色も楽しむことができる。7時前に運転士から朝の放送が入り、紙パック入りのお茶が配布された。乾いた喉を潤す嬉しいサービスだ。

【＊5】快適性を重視していることが伝わってくる。

【＊6】カーテンを開けていると街灯の光が車内に差し込んでしまい、車内で寝るには適さないためだ。

7時頃、静岡SAで休憩。朝の休憩も15分間と短いが、コンビニでパンを買って食べるのもいいだろう。また、休憩はこの2回のみだが、トイレはバス内に設置されていていつでも行くことができる。静岡SAを出ると到着まではあと2時間少々。横浜市内から都心に近づくにつれて渋滞が発生する。朝は必ず渋滞する区間なのでそれを想定したダイヤになっていると思われるが、今日は普段より渋滞が長かった。終点のバスタ新宿には27分遅れの9時46分に到着。15時間6分もの長旅となったが、まったく疲れは感じない快適な乗車であった。夜行バスに泊まった翌朝は全身が悲痛をあげて、その日の行程に支障があることも多々あるが、はかた号なら大丈夫だ。考えようによっては宿泊しながら移動できる便利な交通手段でもある。少々高めの値段であっても活用しやすいだろう。

はかた号の運行ルート

バスタ新宿に到着したはかた号。
「西鉄」ロゴのバスが新宿にいることも長旅であると感じさせる

全国・世界のバス
6

中国 広州市BRT
体育中心～岗顶

近年よく聞くBRT（バス・ラピッド・トランジット）は速達性、定時性、輸送能力が重要視され、そのすべてを満たすものは日本には存在しない。しかし、中国の広州《こうしゅう》市ではこれらの条件を満たしたBRTが運行されている。広州市は比較的香港に近い都市で、2018年に広州と香港を結ぶ高速鉄道が開業したため、両都市を1時間以内で結べるようになった。

私も高速鉄道を利用して香港から広州南駅へ。そこからさらに地下鉄でBRTの発着する体育中心駅にたどり着いた。

体育中心駅[*1]の乗り場に到着してまず驚いたのは自動改札機が設置されていること。鉄道の改札機と同じように交通系ICカードをタッチするか、現金の場合は改札脇にいる駅員に均一運賃2元[*2]（約40円）を支払うことに

広州市のBRT

【＊1】BRT乗り場は地下鉄から少々離れており戸惑ったが、案内のサインが掲出されていた。

【＊2】運賃が2元というのは日本では考えられない安さだ。中国は日本より物価が安いとはいうものの、このとき食べたケンタッキーのハンバーガー

より、改札内に入場できる。運賃の収受をバス車外で行うことにより効率化を図っている。

　乗り場はまるでバス停というより駅のホームで、ホームドアも設置されていた。車両は輸送力に優れる連節バスだ。運賃を支払い済みなので、乗車時に整理券を取るなどの必要もなく乗り込むことができる。体育中心を出ると、周囲の一般道が渋滞する中でバスはすいすいと専用道を走っていく。また、対向のバスにこれでもかというくらいすれ違った。時刻表をよく確認しなかったが、1分に1本くらいのペースでバスが走っているようだ。自分が乗車したのは快速の系統で、体育中心の隣にある石牌桥《せきはいきょう》停留所は通過した。また、中国の路線バスには降車ボタンがなく、下車したい場合は降りる停留所に近づいたタイミングで扉付近に移動することで運転士に降車の意思を示すが、このＢＲＴに関しては停車する予定の停留所では必ず停まることになっている。私は2つ目の停留所である岗顶《こうちょう》で下車した。かなりスムーズに移動することができたが、その先の道路を見ると、専用道は一度途切れて一般道に合流する構造のようだ。その後再び専用道は復活するが、全区間を専用道で建設することは難しいようだ。

セットが20元（約４００円）程度で、２／３くらいの感覚だ。そう考えると、均一運賃で２１０円かかる都営バスに対して、40円で乗れる中国のバスは物価の差以上に安いということだろう。

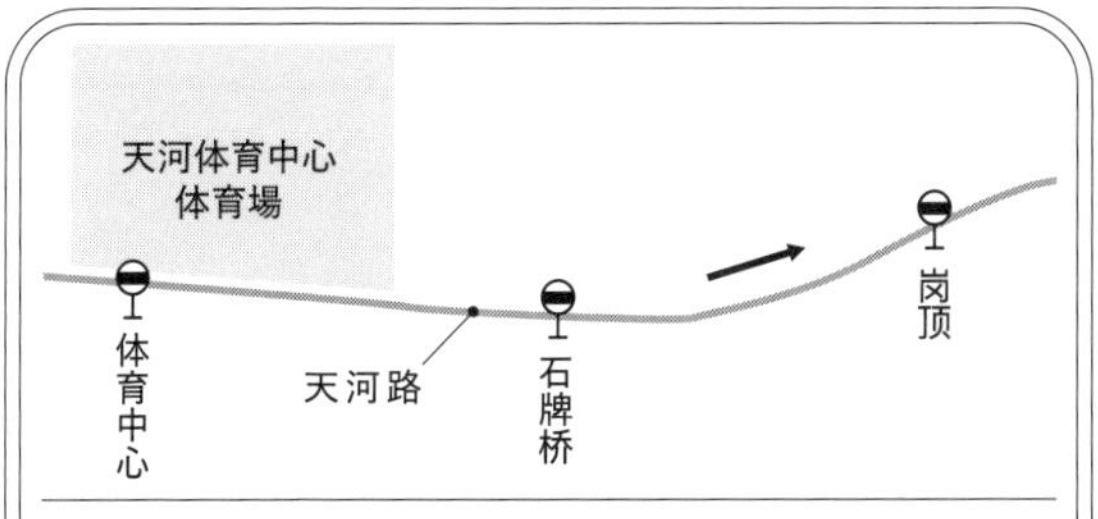

中国広州市のＢＲＴ
（体育中心～岗顶）

全国・世界のバス 7

東京駅から大阪駅まで路線バスを乗り継ぐ旅

２０２２年5月19日から5月25日まで、7日間かけて路線バスだけを乗り継いで東京駅から大阪駅へ向かう旅を実施した。行程を考えるだけで途方に暮れそうだが、どんな旅になるのだろうか[*1]。

1日目　東京駅～藤沢駅　２０２２年5月19日（木）

当時、毎週木曜の午前中に大学の授業を受けていたため、正午のスタートとなる。記念すべき1本目は東急バスの東98系統の清水行きだ。清水というのは東急バス目黒営業所の最寄り停留所である。東京駅から出ている東98系統というと、清水より先の等々力《とどろき》操車所まで向かう長距離運行の系統として有名だったが、２０２１年に大部分の便が途中の清水までに短縮

【*1】　この旅の様子は私のYouTubeチャンネルにも投稿されている。
東京大阪路線バスの旅
https://www.youtube.com/playlist?list=PLFA1o26vXKvlvEt1X-tyo6uz3P_3Jd_I3

されてしまった。都心を発着する路線であっても、昨今の運転士不足などにより路線の維持が厳しい状況に変わりはない。

東京から大阪への路線バスの旅は、バスファンからすると定番ルートである。しかし、その**定番ルートも路線の廃止や減便により、徐々に崩れてきている**ということだろう。本当に大阪駅までたどり着けるのか不安になる滑り出しとなった。

1本目のバスを目黒駅近くの上大崎で下車。次に乗るバスが出ている五反田駅まで徒歩20分。これはバスが繋がらないわけではなく、東京駅から五反田駅へバスだけで向かいたい場合は歩くほうが効率がいいからである。

五反田駅からは多摩川を渡り、川崎駅、横浜駅、戸塚駅と神奈川県内を乗り継いでいく。ここまでのバスは均一運賃の先払い方式（五反田〜川崎は申告先払い）であったが、ついに戸塚駅から乗車する藤沢駅行きのバスから乗る区間によって運賃が変動する整理券方式となった。私が学生時代によく使っていたバスは均一運賃なので、整理券方式を見ると同じ神奈川県内でも文化が違うエリアに来たと実感する。終点の藤沢駅で下車し、初日はここで宿泊。

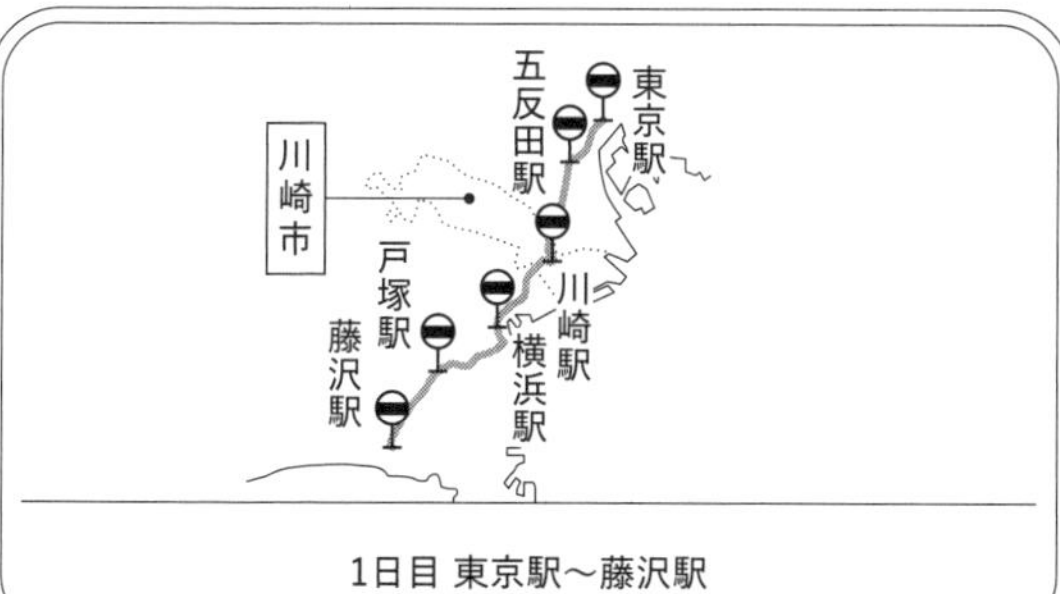

1日目 東京駅〜藤沢駅

2日目　藤沢駅〜富士駅　2022年5月20日（金）

朝7時54分発の茅ヶ崎駅行きからスタート。昨日の横浜駅〜戸塚駅のバスからずっと神奈川中央交通（神奈中）バスに乗っているが、この先の区間も当分同社のバスを利用するため一日乗車券を購入。利用できるエリアが広いため、バスの一日券としては少々高い1050円*2だ。また、川崎駅以降は東海道線の駅を行先としたバスに乗るという行程を続けていて、本日もその調子で茅ヶ崎駅、平塚駅、二宮《にのみや》駅と乗り継いでいく。

二宮駅からは国府津《こうづ》駅行きのバスがあることを知っていたので時刻表を探すと、どんなに探しても見当たらない。確認したところ、二宮駅〜国府津駅の系統はこの旅の2ヶ月前、2022年3月に廃止されていた。早くもバス廃止の波に遭遇する。東海道線沿いに進むバスは小田原駅行きもあるが、こちらは週1本のみ運行の免許維持路線*3であり、利用するのは現実的ではない。西へ進むには橘団地で乗り継ぐと都合がいいと判明し、橘団地行きに乗車。橘団地というのは約50年前に開発された戸建団地で、駅から離れた坂の上にあるので住民の移動の足としてバスが活躍している。

【＊2】現在の価格は1300円。それでも意外とすぐ元が取れる。

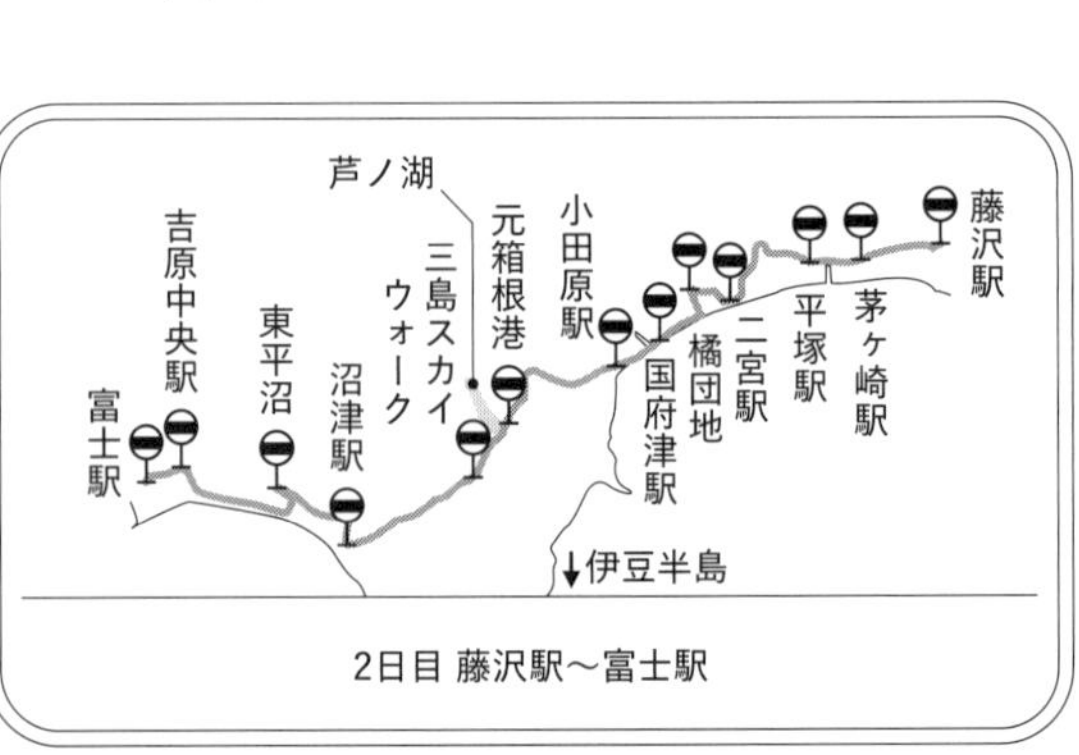

2日目 藤沢駅〜富士駅

バス乗り継ぎの旅をするにあたって、**駅と駅を綺麗に線路沿いに進むバスは少数派で、**橘団地のような**バスの需要が多い地点を軸に乗り継ぐのがこの先重要になってくる。**橘団地からは国府津駅行きに乗り換え。[＊4] ここで昨日から続いた神奈中バスエリアは終了し、箱根登山バスの小田原駅行きに乗り換える。小田原駅行きは15分おき、国府津駅行きに比べ急増。

小田原駅から東海道線沿いに進む選択肢もあるが、有名な観光地である箱根を経由したほうがスムーズに乗り継げるため、関所跡《せきしょあと》行きに乗り換え、途中の元箱根港《もとはこねこう》で下車。ここが各地からのバスが発着するバスターミナルになっている。箱根湯本駅や箱根町港行きなど箱根町方面のなかで、ひとつだけ異彩を放つ静岡県方面の三島駅行きに乗車し、ここで静岡県に入る。[＊5] 続いて沼津駅行きに乗り換えて終点の沼津駅で下車。この先は富士駅行きに乗るのが定番だが、またしてもこの系統が見当たらない。調べると、2019年に途中の東平沼で系統が分割されていた。それならばと東平沼行きに乗車し、終点の東平沼ではすぐの接続で富士駅行きに乗り継ぐことができた。ちなみに、このバスに東平沼から乗車した人は私のほかに1名しかいなかった。神奈川県・静岡県ですらバス路線廃止、再編成の波が。

【＊3】路線の維持だけを目的として最小限の本数のみ運行している路線の通称。

【＊4】国府津駅行きは、なんと1日4本。1時間の待ち時間で近くの川を見に行った。

【＊5】箱根駅伝往路のゴール地点である箱根町港を過ぎると本格的に静岡方面へ。下り坂でカーブもあって、迫力ある景観が楽しめる、乗って楽しい路線だった。

芦ノ湖で牽引されるスワンボート

この先の廃止が心配になってくる。[*6]

3日目　富士駅～浜岡営業所　2022年5月21日（土）

富士駅からは東海道線の由比《ゆい》駅まで向かうバスがあるはずだが、見当たらない。どうやら、2019年に富士駅～由比駅を結ぶバスは富士駅～蒲《かん》原《ばら》病院に短縮、蒲原病院～由比駅は静岡市自主運行バスに移管されたようだ。気を取り直して存続しているはずの蒲原病院までのバスを探すが、こちらも姿が見えない。なんと、本区間は2021年に完全に廃止になっていた。バスが繋がらない蒲原病院までの区間は1時間ほど歩くはめになり、蒲原病院8時45分発のバスが今日1本目のバスだ。なお、このバスは、土休日は1日2本のみの運行。これを逃していたら次は5時間後だった。

由比駅に到着したが、ここからが更なる難関。由比駅と隣の興津《おきつ》駅の間には薩埵《さった》峠[*7]という古くからの交通の難所がひかえ、この区間を結ぶ路線バスはない。本日2度目の歩きとなる。興津駅までは5・9km。

山越え区間のため、荷物をコインロッカーに預け、身軽な状態で歩き始める。しかしここで私は過ちを犯してしまった。折り畳み傘もロッカーに

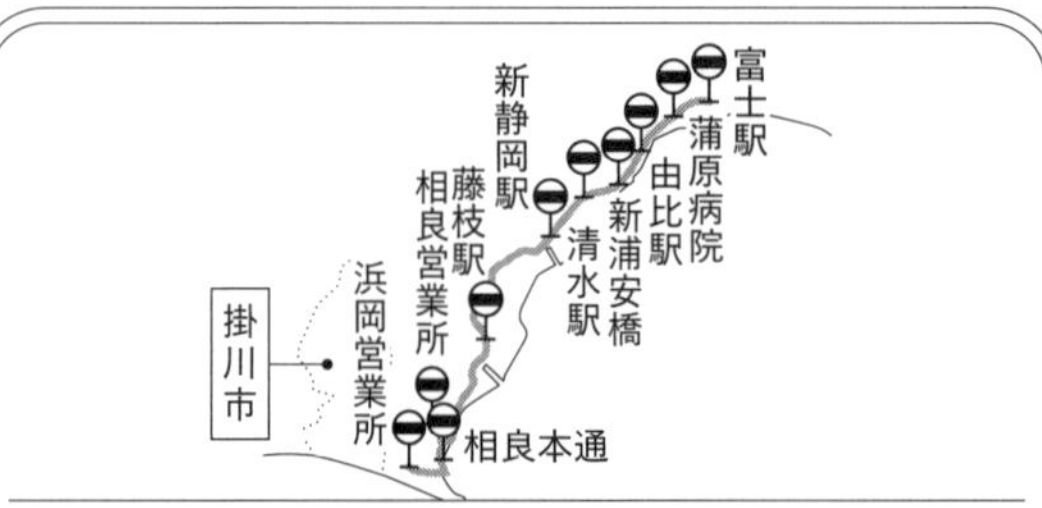

3日目 富士駅～浜岡営業所

【*6】この先の動向を心配に思っていたら、2023年4月に運行区間が船津～富士駅までに短縮され、このルートで沼津駅～富士駅を乗り継ぐことはできなくなった。

入れてしまったのである。[*8]この日は元々曇りの予報であったが、歩いている途中で小雨が降り始め、あっという間に雨脚が強くなる。山越え区間なので周囲には助けを求められるような人もいない。必死に走り続け、途中バス停を見つけた！　と思ったら平日のみ運行。バス旅では基本的に本数の多い平日が有利で、土日は難易度が高いと言われているが、朝から痛感しっぱなしだ。ずぶ濡れになりながら次のバスが出る新浦安橋にたどり着いた。

なんとかバスに乗車し、清水駅、新静岡駅、[*9]藤枝《ふじえだ》駅[*10]と東海道線沿いにバスを乗り継ぎ、その先は東海道線を離れ、バスが繋がる海沿いルートの相《さ》良《がら》営業所で下車。13分遅れで到着した。ここで浜岡営業所行きバスに乗り継げるはずだったが、13分の遅れにより乗り継ぎに失敗。とぼとぼ歩き始めたら、乗り継ぎ予定だった浜岡営業所行きバスも遅れていたようで、無情に目の前を通過していった。

ちなみに、相良営業所は以前来たことがある。先ほどのバスに乗り遅れても、ここから別系統の浜岡営業所行きのバスに乗り継げばよかったはずだが、2020年に相良営業所は移転していた。浜岡営業所行きのバスは

【＊7】　富士山と駿河湾を見晴らせる峠。東海道の難所として歌川広重の浮世絵『東海道五十三次之内由井　薩埵嶺』にも描かれている。

【＊8】　由比駅から事前に鉄道で2つ隣の清水駅へ行きコインロッカーへ荷物を入れ、鉄道で由比駅へ戻り、そこから歩き始めた。

【＊9】　新静岡の駅ビルが新静岡バスターミナルとなっており、ここで乗り継ぐほうがいいという判断で静岡駅の手前、新静岡で下車。

【＊10】　静岡駅から藤枝駅まで、鉄道5駅ぶんを進むロングランバス。安倍川、岡部バイパスを渡り、営業所も岡部・丸子2つを通る。

相良営業所から2km離れた相良本通《さがらほんとおり》（元・相良営業所）から出ているとのこと。相良営業所から相良本通バス停まで20分かけて歩きバスに乗り継ぎ、ようやく浜岡営業所に着いた。

4日目　浜岡営業所〜豊橋駅　2022年5月22日（日）

昨日の大雨が嘘のような快晴だ。この日はまず、新幹線停車駅であり多くの路線が集結する浜松駅を目指す。

浜岡営業所から大東支所、横須賀車庫と2回乗り換えれば浜松駅まで行けるはずだった。だが、2021年に遠鉄バスの横須賀車庫は車庫ごと廃止。この付近の区間もバスが途切れている。ではどうするか。まずは浜岡営業所から大東支所《だいとう》まで乗車。続いて袋井《ふくろい》駅行きに乗り換える。終点の袋井駅まで行きたくなるが、そうすると次に乗り換えるバスがないため、途中の浅羽《あさば》支所で下車。ここから4・5kmを歩き、豊浜郵便局まで来たところで磐田駅行きのバスを発見。6つ先の新道まで乗車し、ジョイフルで朝食を食べ、体力を回復させてから浜松行きに乗車した。浜松駅からは東海道線でいうと鷲津《わしづ》駅が最寄りである湖西《こさい》市役所行きのバスがあるはずだ

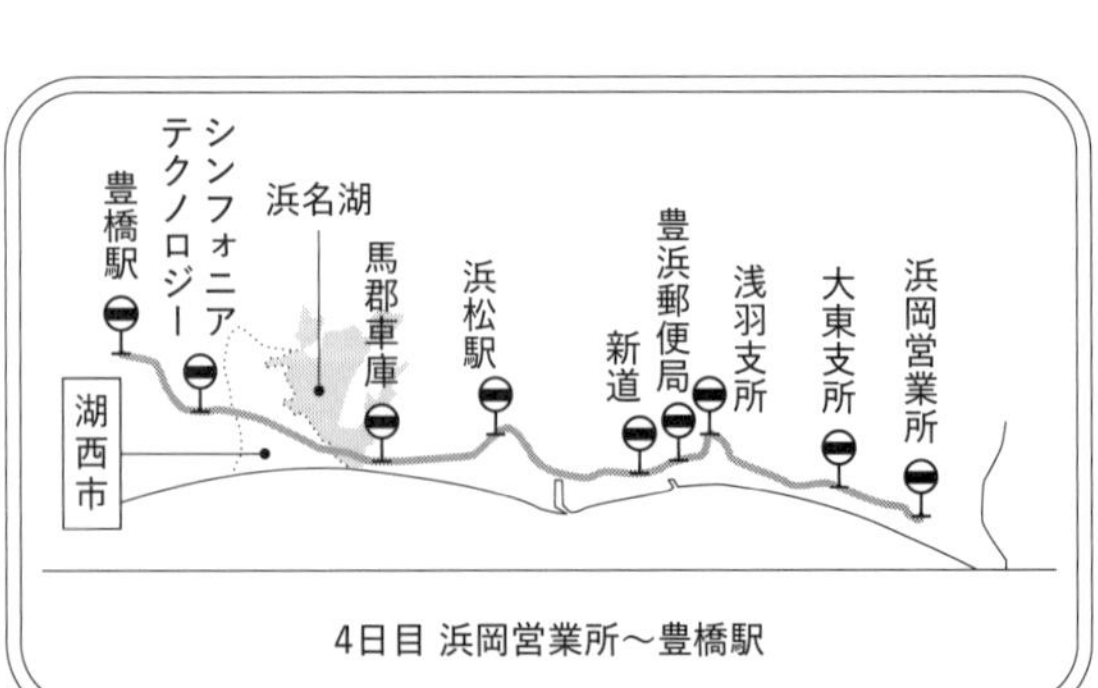

4日目 浜岡営業所〜豊橋駅

が、こちらも2021年に大幅に短縮され、舞阪《まいさか》駅付近の馬郡《まごおり》車庫までとなっている。つまり、馬郡車庫から湖西市役所の間、約10kmが歩きとなるが、本当にそんなに長い距離、バスが繋がらないのだろうか。現地を歩けば新たな発見があることを信じて、浜松駅からのバスを終点の馬郡車庫で下車、西へ向けて歩き始めた。[*11] 1時間ほど歩いて舞阪の隣駅である弁天島駅付近で湖西市コミュニティバスの停留所を発見した。[*12] 時刻を確認すると**朝7時の1日1本のみ**。乗ることはできないが、コミュニティバスが存在することがわかり、希望の光が見える。3時間ほど歩き、ついに湖西市役所にたどり着いた。ここから西へ向かう新所原駅行きに乗り継げると思って時刻表を見ると、小さく「**土休日運休**」と書かれている。本日は日曜日。今日が平日でないことをこんなに悔やむことはそうないだろう。仕方ないのでさらに西へ向けて歩みを進める。馬郡車庫から5時間半歩いたところで愛知県に入り、ついにバスの姿を発見。シンフォニアテクノロジー発の豊橋駅行きだ。5時間半ぶりに救世主のバスに満身創痍の姿で乗り込み、これ以上は限界と豊橋駅で宿泊。今日だけで合計**24km**歩いた。

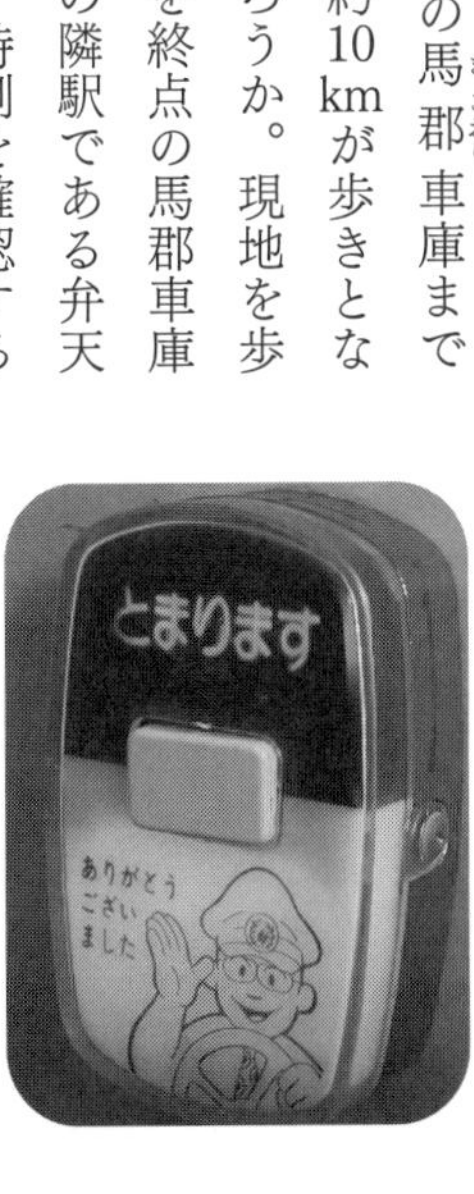

遠鉄バスオリジナル？
運転士の顔つきボタン

【＊11】 ちなみに、遠鉄バスは「ナイスパス」という独自のICカードを早くから導入している。そのため、Suicaなど全国相互利用のICカードが使えない。

【＊12】 湖西市のコミュニティバスは「コーちゃんバス」という愛らしい名称。

5日目　豊橋駅〜桑名駅　2022年5月23日（月）

豊橋駅からは名古屋を目指す。鉄道だとこの区間はJR線と名鉄線の2ルートだが、路線バスで乗り継ぐ場合は名鉄線沿いのルートが便利そうだ。

まず、名鉄の八幡駅に近い豊川市民病院まで乗車。[*13] 3日目に蒲原病院からバスに乗ったように、大きな病院はバスの乗り継ぎ拠点になっている場合が多い。豊川市民病院からは豊川市コミュニティバスに乗車。やって来たバスはワンボックスカーで、見た目はバスと言うより大きな乗用車である。ただ、乗客は私のほかに数名おり、地域の住民にしっかり利用されているようだ。名電長沢駅《めいでんながさわ》で下車すると、ここから本宿《もとじゅく》駅までの4・2kmはバスが繋がらないため歩く。国道1号沿いに真っすぐ歩けばいいので道に迷わないのが救いだ。本宿駅からは名鉄バスのエリアに入り、名古屋駅までは名鉄バスだけを乗り継いで向かうことができる。様々なルートがあるが、本宿駅から美合《みあい》駅、東岡崎駅、足助《あすけ》、豊田市駅、赤池駅、長久手《ながくて》古戦場駅、そして名鉄バスセンターと、名鉄バスを7本乗り継いで名古屋駅に到着した。[*14]

しかし、名古屋から先が難関である。名古屋から大阪へは滋賀県を経由

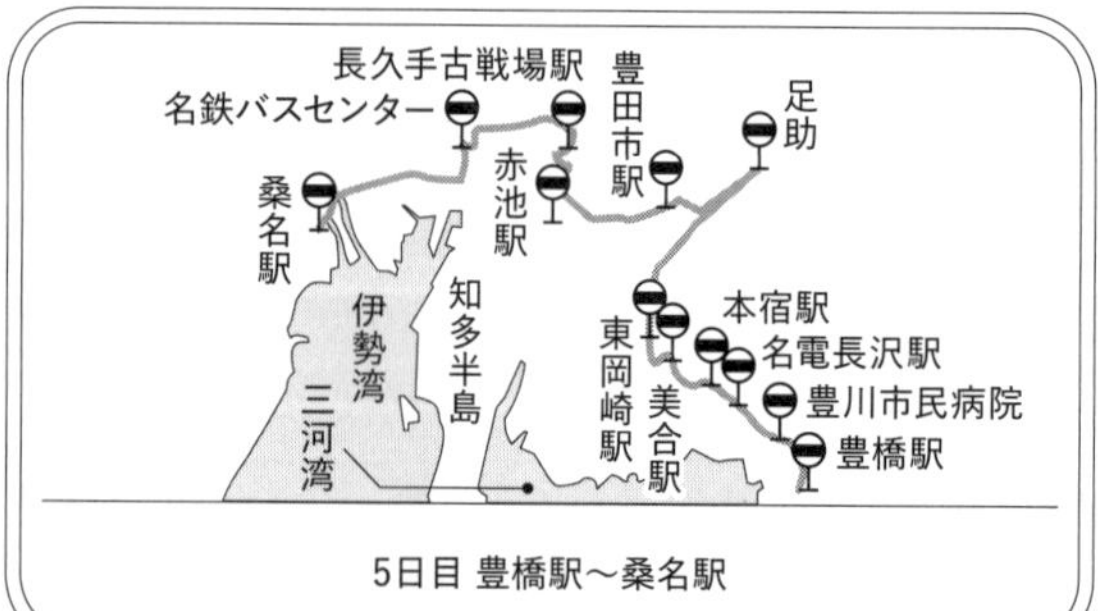

5日目 豊橋駅〜桑名駅

【＊13】ちなみに、「豊川市民病院行き」のほか、「豊橋市民病院行き」もあり、危うく間違えそうになった。

する東海道線ルートと、三重県を経由する近鉄線ルートがある。東海道線ルートは滋賀県内の乗り継ぎが困難であるため、今回は近鉄線ルートを選ぶ。名古屋から近鉄線沿いに進むバスを探していると、22時10分発の桑名《くわな》駅行きを発見！　しかも1日1本のみ、夜だけの運行のようだ。夜遅いが喜んで乗車し、[*15]ここで県境を越え23時17分、三重県の桑名駅に到着。停留所も主要箇所に限定され、速いし座席はゆったりで、ホームライナー代わりに使えそうな路線だった。

6日目　桑名駅～榊原温泉口駅　2022年5月24日（火）

ここ数日連続でバスに乗り遅れる夢を見ている。かなり疲労がたまっているようだ。

本日進む三重県といえば、JR線と近鉄線の両方が広範囲に鉄道路線を設けており、かなり鉄道が便利な地域という印象がある。しかし、鉄道が便利であれば必然的にバスの出番は少なくなるため、乗り継ぎが難しくなりそうだ。と思ったら、近鉄線沿いに真っすぐ進むバスは少ないが、別々の鉄道路線同士を結ぶバスが多数運行されている。

【*14】名鉄の路線網がかなり発達している区域で、路線バスだけでは意外と一直線に名古屋へ行けないようだ。

【*15】日中はイオンモール名古屋茶屋行きだが、最終便だけ車庫が近い桑名駅行きになっているようだ。

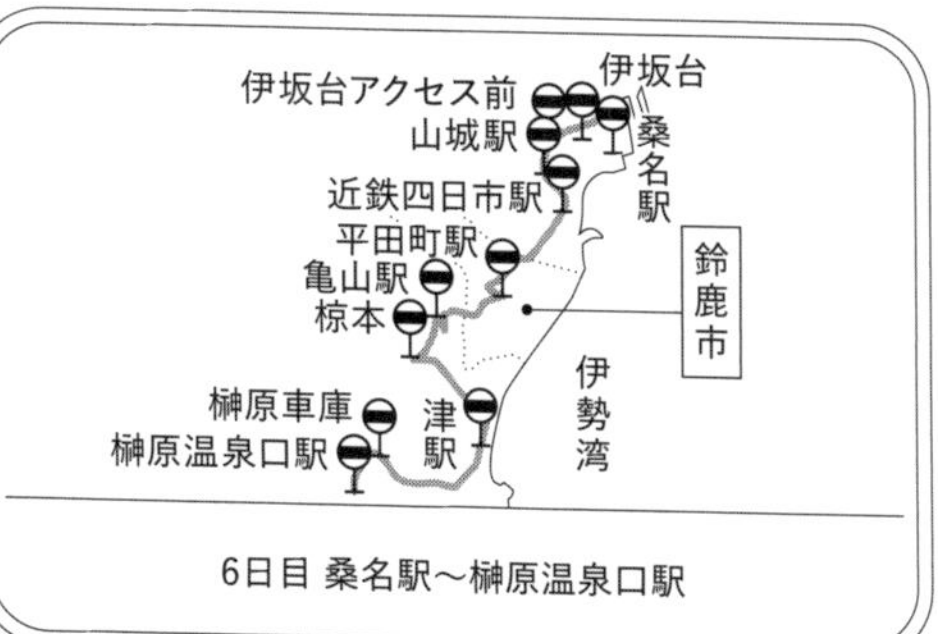

6日目 桑名駅～榊原温泉口駅

まずは桑名駅から伊坂台《いさかだい》でバスを乗り継ぎ、三岐《さんぎ》鉄道の山城《やまじょう》駅へ。続いて近鉄四日市《よっかいち》駅、平田町駅、亀山駅と進む。各区間、鉄道で行こうとすると乗り換えが1回以上必要な区間であり、そこをうまくバスでカバーしているようだ。亀山駅から三重県の県庁所在地である津駅へは鉄道なら紀《き》勢《せい》本線で1本だが、ここは直通するバスがない。そこで亀山駅の南西にある椋本《むくもと》でバスを乗り継ぎ[*16]、津駅にたどり着いた。

津駅からは榊原《さかきばら》車庫を経由して近鉄線の榊原温泉口駅まで乗車[*17]。榊原温泉は「枕草子」にも登場する歴史を持つ温泉だが、最近は旅館の廃業も相次ぎ、苦しい状況のようだ。榊原温泉口駅の隣は近鉄の「東青山」という有名な秘境駅。三重県は意外と広く、今日は県境を越えることができなかった。

7日目　榊原温泉口駅～大阪駅　2022年5月25日（水）

ついに最終日。明日、木曜日はまた大学の授業があるので本日中に必ずゴールする必要がある。しかし大阪駅へは今いる三重県どころか、奈良県を越えないとたどり着けない。ひとつのミスも許されない展開になりそうだ。

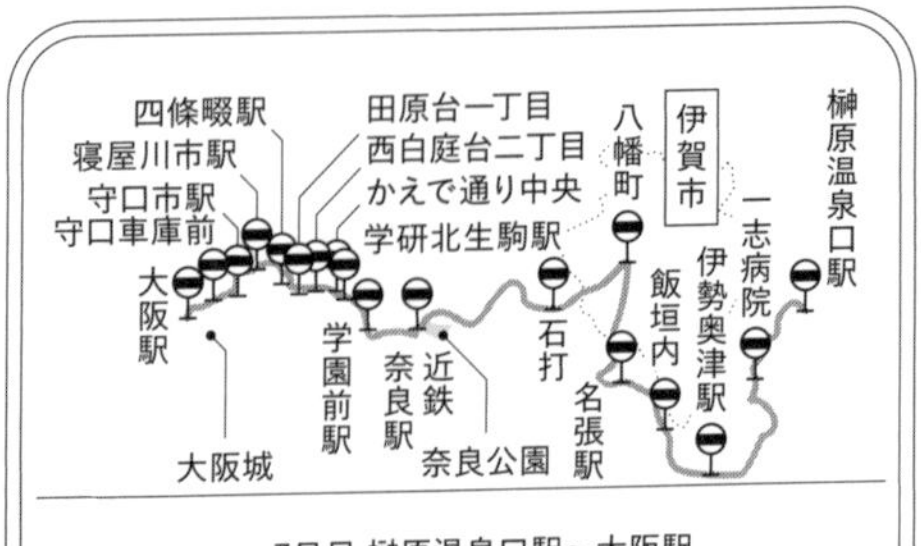

7日目 榊原温泉口駅～大阪駅

【＊16】乗り継ぎは約10分しか余裕がなく、椋本の直前で長い赤信号につかまったり、旧東海道らしき狭い道に入ったりで緊張が走ったが、なんとか定刻通りに到着した。

　榊原温泉口駅から近鉄線沿いにはバスが繋がらないので、いったん南下してJR名松《めいしょう》線沿いに進む。名松線家城《いえき》駅付近の一志病院でバスを乗り継ぎ、伊勢奥津《いせおきつ》駅まで来ることができた。伊勢奥津駅というのは名松線の終点だが、名松線の路線の由来は名張と松阪を結ぶ路線で、その2つの頭文字を取って名松線である。しかし、実際の名松線は松阪から名張《なばり》まで線路は繋がらず、途中の伊勢奥津までとなっている。鉄道の代わりに名張まで抜けるバスがあったが、2021年に運行区間が短縮されてしまい、敷《しき》津《つ》〜名張駅までの運行となってしまった。

　敷津まで歩くことになりそうだと思ったが、時刻表を見ると**水曜日のみ1本運行の飯垣内《はがいと》行きバス**というものがあり、これで敷津方面へ行ける。

　4日目は日曜だったので長距離徒歩移動を余儀なくされたが、その代わりに今日は週1の運行曜日にあたるという幸運。終点の飯垣内で無事名張駅行きに乗り換え。ただ、名張駅に着いてからもまだ奈良県との県境越えがある。県境を越えた移動の需要は少なく、**県境区間はバスが繋がらない**というのが定番だ。[*18] しかし奈良と三重の県境付近には月ヶ瀬《つきがせ》温泉という観光地があり、鉄道の駅からはかなり離れている。ここを活用する形で、名

【*17】榊原温泉口駅付近には宿がないため、鉄道で松阪駅に移動して松阪駅付近に宿泊。翌朝も鉄道で榊原温泉口駅に戻ってバス旅を再開した。

【*18】これはテレビ東京の「ローカル路線バス乗り継ぎの旅」でよく出てくる定番のフレーズ。

奈良駅までの車窓には奈良公園の鹿が

張駅からは八幡町、石打《いしうち》（月ヶ瀬温泉付近のバス停）[＊19]、近鉄奈良駅と乗り継いで奈良県に入った。

　ここまで来れば大阪駅まで簡単に繋がりそうだが、最後の難関、生駒《いこま》山地を越えるバスは少ない。近鉄奈良駅からは学園前駅、学研北生駒駅と乗り着いだところで、先へ進むバスがなくなる。ここから徒歩と短距離のバス乗車を併用して、大阪府に入る[＊20]。現れたのは田原台《たわらだい》というニュータウンで、大阪府でありながら固定電話の市外局番は奈良県生駒市のものという、奈良県との結びつきが強いエリアである。とはいえ、ここは間違いなく大阪府四条畷《しじょうなわて》市なので、四条畷市コミュニティバスが市内にバスを多数運行している。このバスで生駒山地を越えて、ついにＪＲ学研都市線の四条畷駅にたどり着いた。ここからは寝屋川《ねやがわ》市駅、守口市駅と乗り継ぎ、最後は大阪シティバスの守口車庫発大阪駅行きに乗車。

　22時27分、大阪駅に到着。１週間かけて無事に路線バスのみで東京駅から大阪駅まで乗り継ぐことに成功した[＊21]。

終点大阪駅おりば

【＊19】 月ヶ瀬温泉で高齢者がたくさん乗ってきたが、「ななまるカード」という奈良市民であれば70歳以上は１００円で乗れるカードがあり、活用されているようだ。

【＊20】 最終日なのでやはり歩きなしではぬるいだろう。歩いてこそバス旅である。

【＊21】 １週間かけてバスを乗り継いできたが、バスが繋がっていないことは悪ではないと思った。バスは鉄道など他の公共交通機関と適材適所で相互に役割を果たせばいいのである。それに、乗客がまったくいない路線はほとんどなかったので、必要な地域にうまくバスを残していると実感できた旅であった。

薩埵峠からの眺め。現在も国道1号線・東名高速・東海道本線が通る交通の要衝

4日目に20km徒歩の末に見つけたシンフォニアテクノロジー発のバス。
バスのありがたみを感じた

東京駅から大阪駅まで乗り継いだ路線バス一覧

	バス会社（行き先）	出発地	出発時刻	到着地	到着時刻	運賃
1日目（東京駅〜藤沢駅）	東急バス（清水）	東京駅	12:32	上大崎	13:11	220円
	上大崎から五反田駅まで徒歩					
	東急バス（川崎駅）	五反田駅	13:36	川崎駅	14:26	270円
	横浜市営バス（横浜駅）	川崎駅	14:52	横浜駅	15:43	220円
	神奈中バス（戸塚駅）	横浜駅	15:47	戸塚駅	17:02	220円
	神奈中バス（藤沢駅）	戸塚駅	17:25	藤沢駅	18:13	367円
	乗車バス5本（運賃1297円）	バス58km（乗車時間4時間23分）徒歩1.3km（15分）			日合計59.3km 通算59.3km	
2日目（藤沢駅〜富士駅）	神奈中バス（茅ヶ崎駅）	藤沢駅	7:54	茅ヶ崎駅	8:41	367円
	神奈中バス（平塚駅）	茅ヶ崎駅	9:10	平塚駅	9:33	263円
	神奈中バス（二宮駅）	平塚駅	9:40	二宮駅	10:17	388円
	神奈中バス（橘団地）	二宮駅	10:52	橘団地	11:04	199円
	神奈中バス（国府津駅）	橘団地	12:07	国府津駅	12:29	263円
	箱根登山バス（小田原駅）	国府津駅	12:40	小田原駅	13:25	400円
	伊豆箱根バス（関所跡）	小田原駅	13:40	元箱根港	14:36	1200円
	東海バス（三島駅）	元箱根港	15:25	三島駅	16:18	1050円
	伊豆箱根バス（沼津駅）	三島駅	16:35	沼津駅	17:14	400円
	富士急バス（東平沼）	沼津駅	18:05	東平沼	18:50	550円
	富士急バス（富士駅）	東平沼	18:57	富士駅	20:01	770円
	乗車バス11本（運賃5850円）	バス122km（乗車時間7時間23分）徒歩 0km（0分）			日合計122km 通算181.3km	
3日目（富士駅〜浜岡営業所）	静岡市自主運行バス（由比駅）	蒲原病院	8:45	由比駅	9:05	300円
	由比駅から新浦安橋まで徒歩					
	しずてつジャストライン（清水駅）	新浦安橋	11:11	清水駅	11:34	380円
	しずてつジャストライン（静岡駅）	清水駅	11:59	新静岡駅	12:54	550円
	しずてつジャストライン（藤枝駅）	新静岡駅	13:15	藤枝駅	14:34	610円
	しずてつジャストライン（相良営業所）	藤枝駅	15:00	相良営業所	16:16	1000円
	相良営業所から相良本通まで徒歩					
	しずてつジャストライン（浜岡営業所）	相良本通	17:10	浜岡営業所	17:37	560円
	乗車バス6本（運賃3400円）	バス93.7km（乗車時間4時間40分）徒歩 13.7km（2時間49分）			日合計107.4km 通算288.7km	
4日目（浜岡営業所〜豊橋駅）	しずてつジャストライン（掛川駅）	浜岡営業所	7:41	大東支所	8:02	420円
	秋葉バスサービス（袋井駅）	大東支所	8:08	浅羽支所	8:34	630円
	浅羽支所から豊浜郵便局まで徒歩					
	遠鉄バス（磐田駅）	豊浜郵便局	9:30	新道	9:40	200円
	遠鉄バス（浜松駅）	新道	11:16	浜松駅	11:58	600円
	遠鉄バス（馬郡車庫）	浜松駅	12:30	馬郡車庫	13:08	490円
	馬郡車庫〜シンフォニアテクノロジーまで徒歩					
	豊鉄バス（豊橋駅）	シンフォニアテクノロジー	18:40	豊橋駅	19:22	530円
	乗車バス6本（運賃2870円）	バス61.6km（乗車時間2時間59分）徒歩 24.1km（6時間13分）			日合計85.7km 通算374.4km	

5日目（豊橋駅〜桑名駅）	豊鉄バス（豊川市民病院）	豊橋駅	9:03	豊川市民病院	9:37	510円
	豊川市コミュニティバス（グリーンヒル音羽）	豊川市民病院	10:14	名電長沢駅	11:07	200円
	名電長沢駅から本宿駅まで徒歩					
	名鉄バス（美合駅）	本宿駅	12:17	美合駅	12:54	570円
	名鉄バス（東岡崎駅）	美合駅	13:17	東岡崎駅	13:54	390円
	名鉄バス（足助）	東岡崎駅	14:10	足助	15:20	800円
	名鉄バス（豊田市駅）	足助	15:39	豊田市駅	16:28	800円
	名鉄バス（赤池駅）	豊田市駅	16:35	赤池駅	17:32	680円
	名鉄バス（長久手古戦場駅）	赤池駅	18:05	長久手古戦場駅	18:52	550円
	名鉄バス（名鉄バスセンター）	長久手古戦場駅	19:13	名鉄バスセンター	20:22	540円
	三重交通（桑名駅）	名鉄バスセンター	22:10	桑名駅	23:17	890円
	乗車バス10本（運賃5930円）	バス169km（乗車時間8時間40分）徒歩4.2km（1時間2分）			日合計173.2km 通算547.6km	
6日目（桑名駅〜榊原温泉口駅）	八風バス（桑名西高校）	桑名駅	8:25	伊坂台	8:56	370円
	四日市市自主運行バス（山城駅）	伊坂台アクセス前	9:23	山城駅	9:40	210円
	三岐鉄道バス（四日市駅）	山城駅	10:15	近鉄四日市駅	11:08	550円
	三重交通（平田町駅）	近鉄四日市駅	11:35	平田町駅	12:37	770円
	三重交通（亀山駅）	平田町駅	13:50	亀山駅	14:33	610円
	三重交通（椋本）	亀山駅	15:46	椋本	16:07	390円
	三重交通（イオンモール津南）	椋本	16:18	津駅	16:59	650円
	三重交通（榊原車庫）	津駅	17:09	榊原車庫	18:26	860円
	津市コミュニティバス（一志病院）	榊原車庫	18:52	榊原温泉口駅	19:02	200円
	乗車バス9本（運賃4610円）	バス116.6km（乗車時間5時間55分）徒歩 0km（0分）			日合計116.6km 通算664.2km	
7日目（榊原温泉口駅〜大阪駅）	松阪駅から電車で榊原温泉口駅へ向かう　松阪駅 6:44→榊原温泉口駅 7:02					
	津市コミュニティバス（一志病院）	榊原温泉口駅	7:18	一志病院	7:40	200円
	津市コミュニティバス（川上）	一志病院	8:20	伊勢奥津駅	9:20	200円
	津市コミュニティバス（飯垣内）	伊勢奥津駅	11:10	飯垣内	11:47	200円
	三重交通（名張駅）	飯垣内	12:17	名張駅	12:54	700円
	三重交通（伊賀上野駅）	名張駅	13:25	八幡町	14:01	710円
	三重交通（桃香野口）	八幡町	14:08	石打	14:26	440円
	奈良交通（奈良駅）	石打	15:03	近鉄奈良駅	16:37	1500円
	奈良交通（学園前駅）	近鉄奈良駅	16:46	学園前駅	17:38	480円
	奈良交通（高山サイエンスタウン）	学園前駅	17:54	学研北生駒	18:15	300円
	学研北生駒からかえで通り中央まで徒歩					
	奈良交通（ひかりが丘）	かえで通り中央	18:36	西白庭台二丁目	18:40	190円
	西白庭台二丁目から田原台一丁目まで徒歩					
	四條畷市コミュニティバス（四條畷駅）	田原台一丁目	19:42	四條畷駅	19:58	250円
	京阪バス（寝屋川市駅）	四條畷駅	20:03	寝屋川市駅	20:30	360円
	京阪バス（守口市駅）	寝屋川市駅	20:35	守口市駅	21:11	260円
	大阪シティバス（大阪駅）	守口車庫	21:59	大阪駅	22:27	210円
	乗車バス14本（運賃6000円）	バス172.5km（乗車時間7時間48分）徒歩 4.8km（1時間13分）			日合計177.3km 通算841.5km	

※停留所名の一部表記および、行程のうち徒歩の一部を省略しています。また、バス、徒歩の距離は独自に計算したものです

「ローカル路線バス乗り継ぎの旅Z」の羽田圭介さんのように、
自らの著書を宣伝するTシャツを着用して7日間の旅にのぞんだ

7日間の旅を終えた大阪駅の様子。
この後、寝台列車を活用して翌朝9時から大学の授業に出席した

3章

バスの行く末
交通インフラは
これから
どうなる

バスの役割、そしてなぜ廃止されるのか

この章ではバスをはじめとした公共交通機関について研究している駒澤大学文学部地理学科の土谷敏治《つちたにとしはる》教授に取材のうえ、私の見解と研究者である教授の視点を交えてバスの未来を探る。

公共交通機関としてのバスの役割

まず、あらためてバスとは何のために存在していて、現在どういった立ち位置なのだろうか。もちろん地域によって異なりひとくくりには言えないものの、主に大都市圏内では様々な客層に利用されており、多くの人にとっての移動手段となっている。しかし、大都市圏外になると需要そのものが減り続け、多くのバス路線が減便・廃止となっている。[＊1] その中で、高

【＊1】とはいえ、大都市圏内も安泰とは言えない。東急バスの渋12という、渋谷駅から二子玉川駅を経由して高津営業所までを結ぶ路線がある。これが2022年に土曜日の1本のみに大幅に削減され、代わりに途中の駒沢大学駅から高津営業所までを結ぶ玉12系統に置き換えられてしまった。減便された渋谷駅〜駒沢大学駅の区間は他の系統が重複して走っているため、バスの本数が多いことは確かだが、従来は乗り継ぎなしでいけたことを考えれば利便性は低下した。このように、多少非効率であっても利便性を重視した路線を設定できていたのだが、そういった余地も徐々に減りつつあるというのが現実だ。

齢者や高校生など**自家用車で移動することができない交通弱者向けの移動手段として最低限の本数が残っているのが現状だ。**

なぜ需要が減っているかというと、人口減少もあるが、一番はマイカーの普及だ。1960年代は地方でもマイカーが普及していなかったため、通勤や通学、買い物など様々な目的で日常的にバスを利用している風景があった。データを見ると、[*2] 1966年には乗用車の台数は230万台にすぎなかったが、2022年ではその約30倍の6200万台になっている。数十年かけてマイカーの台数は増加を続け、一方でバスの需要は減り続けた。ただ、ここ数年は乗用車の保有台数が6200万台ほどで高止まりしているため、需要の減少も落ち着くかもしれない。

なぜバスは減便されるのか

マイカーが普及し、バスの需要が減少しているのは確かだ。その一方で、近年は運転士不足や燃料代の高騰という話題も聞く。ただ、バスが減便や廃止される一番の理由は利用者が減少していることであり、そのほかの理由はあくまで副次的なものにすぎない。運転士が不足していて、本当に追

【*2】自動車検査登録情報協会による車種別自動車保有台数の推移
https://www.airia.or.jp/publish/statistics/ub83el00000000wo-att/hoyuudaisuusuii05.pdf

加の人員が必要であれば賃金を上げればよい。[*3] 近年は価格の上昇に理解もあり、その人件費上昇分を運賃に転嫁しても、あまりにも高額と思える価格でない限り急激な利用者離れは起きないはずだ。ただ、バスの運賃は気軽に上げることはできず、国土交通省の認可が必要であるため、より柔軟に運賃を変更できる仕組みが今後は必要だろう。また、路線バスには本数・乗客ともに多い黒字路線もあるが、逆に赤字路線も多数ある。通常の企業であれば、黒字の事業に注力し、赤字部門は将来的な黒字化が見込めなければ撤退する、というのが合理的な考え方だろう。

では、バス事業においての赤字路線はどのような考え方だろうか。従来は需給調整規制という制度があり、国土交通省[*4]が許可した事業者のみ路線バスの運行が認められる方式になっていた。そのため、新規参入がしづらく、事業者間の過度な競争が発生しづらい代わりに、運行を許可された事業者は責任をもってその地域での運行を担当する仕組みになっていた。

しかし、2002年にこの需給調整規制は廃止され、**路線バス事業への新規参入が容易になった**（**規制緩和**）。その半面で退出の手続きも許可制から事前届出制となり、路線の廃止もしやすくなった。とはいえ、**規制緩**

【＊3】賃金を上げても人が集まらないのであれば本当に人員不足かもしれないが、まだその状況には達していないように思える。

【＊4】旧運輸省

和が進んだ現在も、基本的には赤字路線も廃止はせず、黒字路線の利益を赤字路線に穴埋めをする内部補助を行い、運行を維持する考え方が一般的のようだ。

規制緩和後も不採算路線が続けられる理由

なぜそんな一見効率の悪そうなやり方を続けるのか。ひとつは、路線バスという公共交通機関は、広い路線のネットワークがあることで価値が向上するためである。中心街から離れた場所を走る不採算路線であっても、その路線があることによって中心街の黒字路線も乗り継いで利用ができる。

また、バス事業者は不動産事業など関連事業を展開している場合も多い。大手バス会社の会社名自体がその地域で絶大な信頼を持っているのである。そんな中で、不採算路線をすべて廃止、なんてことをすると、「弱者切り捨てだ」と会社のイメージが落ち、結果として関連事業の売上も落ちてしまうかもしれない。それを防ぐための運行の維持という側面もあるだろう。

しかし、現実にはバス事業者が不採算路線の維持をする義務はなく、路線の廃止は事前の届出さえすれば自由に行える。また、２００２年の規制緩和以前から不採算路線の廃止自体は可能であり、規制緩和後に極端に路線の廃止が進んだわけではない。**利用の減少と共に数十年かけてじわじわと路線が廃止され続けている**のが現状だ。この、廃止される路線と維持される路線の違いは、内部補助を行ってでも維持すべきかどうかの事業者の判断次第だろう。それでもバスが廃止されると地域の住民への影響が大きいと自治体で判断されれば、地方自治体が主体となって運行されるコミュニティバスに転換される。例えば2章の「東京駅から大阪駅まで路線バスを乗り継ぐ旅」で乗車した蒲原病院~由比駅の区間は、従来は富士急静岡バスの運行であったが、同社の撤退により静岡市自主運行バスに移管された。逆に、長距離歩く結果になった浜松市の馬郡車庫~湖西市役所の区間については、従来から湖西市内ではコミュニティバスが運行されていたものの、この路線の短縮に伴って新たに開設された路線はなく、さらに浜松市内の区間においてはコミュニティバスも走っておらず、完全にバス路線のない空白地帯となっていた。[*5]

【*5】p.196「全国のバス⑦東京駅から大阪駅まで路線バスを乗り継ぐ旅」の4日目を参照いただきたい。

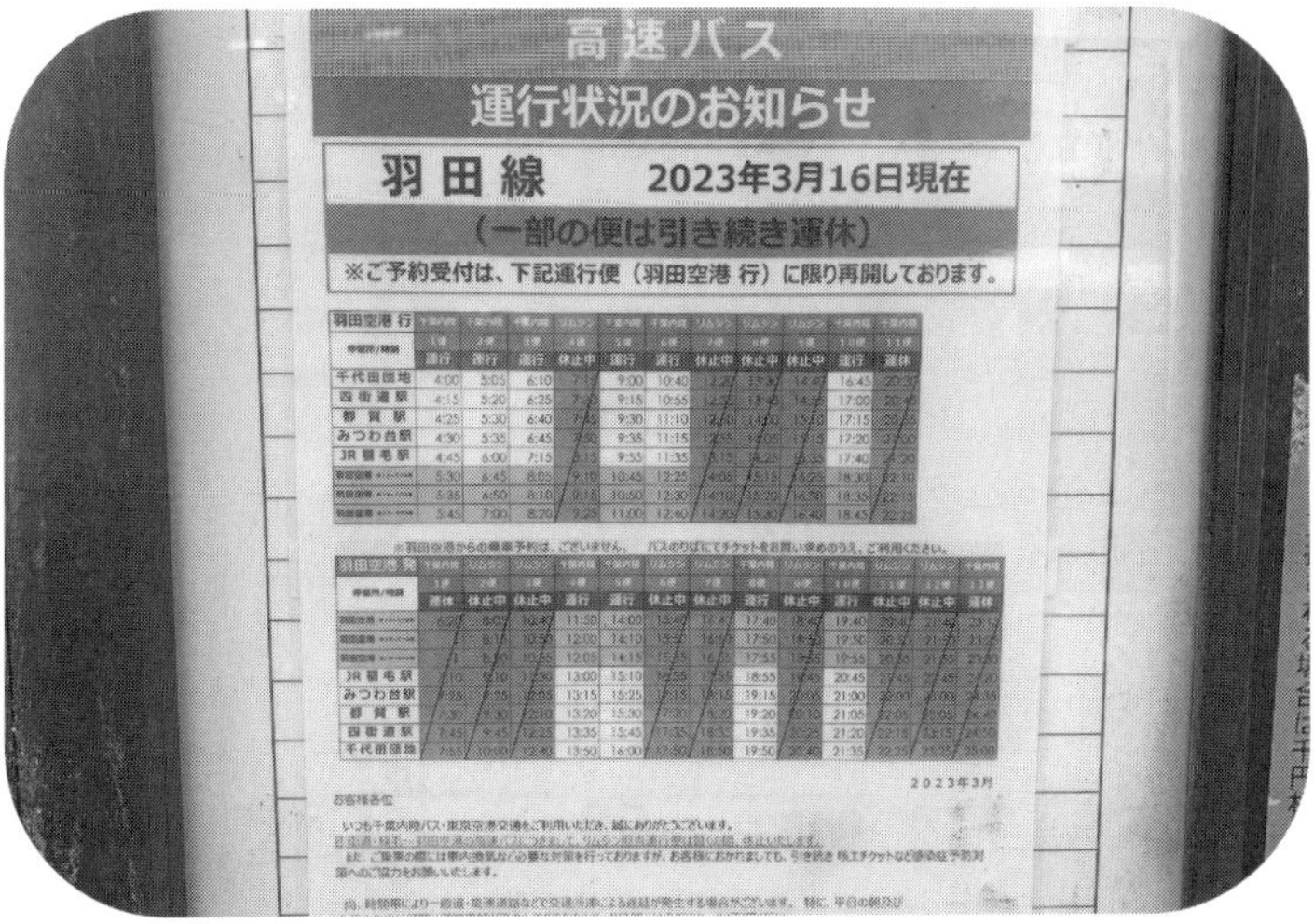

羽田空港行きバス減便のお知らせ。
空港行きバスは需要の減少に伴い減便されたものが多い

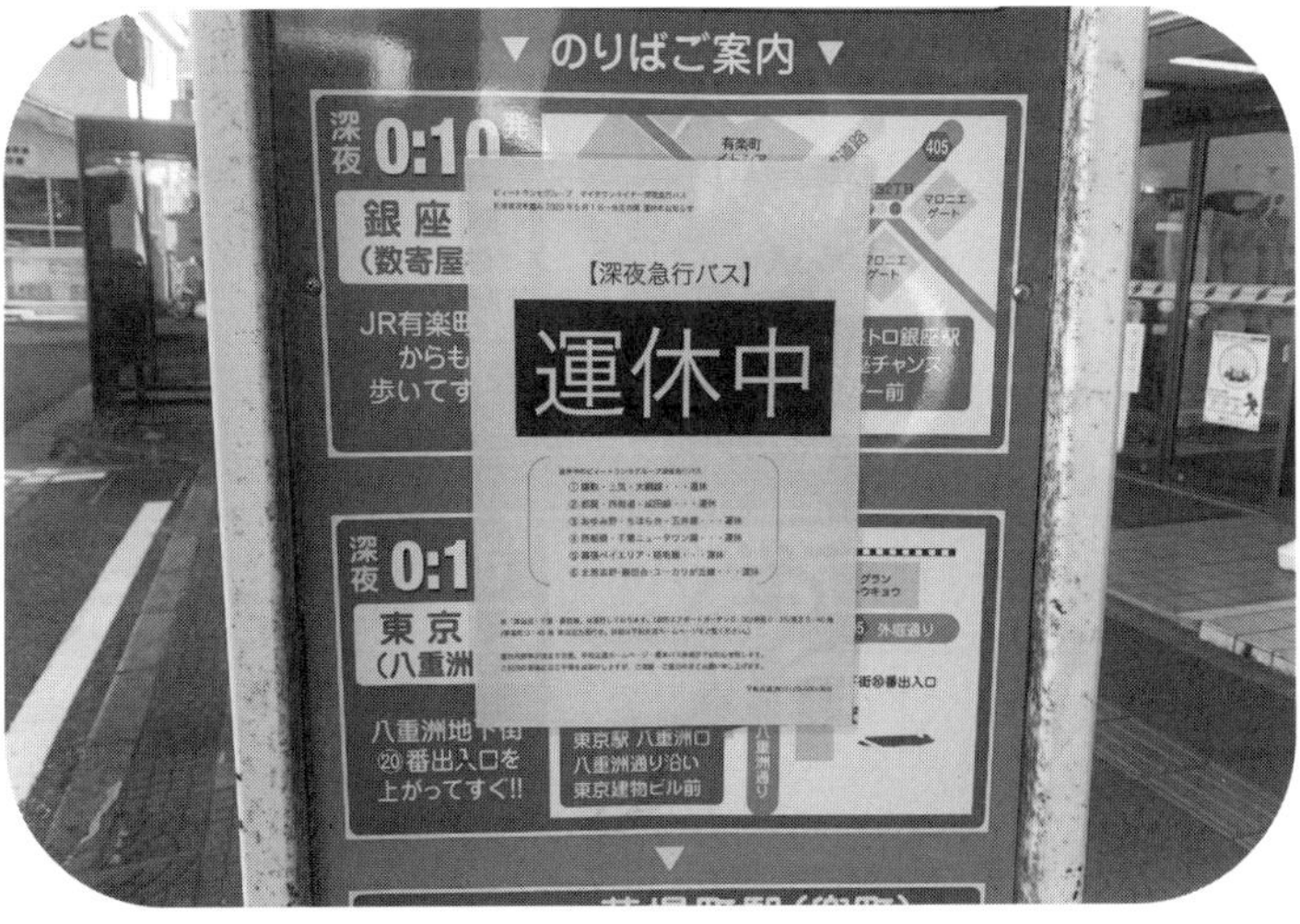

深夜バス運休のお知らせ。
深夜に運行するバスも大半が減便されてしまった

コミュニティバス以外の新たな交通手段の登場

路線バスが廃止されて代替となる手段は、実はコミュニティバス[*1]だけではない。コミュニティバスは自治体が主体となって運行しているものの、時刻に沿ってバスが運行されるという点で、通常の路線バスと何ら変わりなく利用することができる。

しかし、利用者が少なく乗客ゼロのこともあるが、日によっては乗客がいるという地域の場合はどうか。時刻通りに毎日運行するのは非効率だろう。そこで、**時刻表は通常の路線バスと同じく定めているものの、事前に予約があった時のみ運行する方式のデマンド交通**に転換されることもある。

しかし、時刻を定める方式だと乗りたい時刻の便がなくて不便という場合もある。そのため、時刻表も廃止して予約のあった停留所間のみ走る、タ

【*1】路線バスが廃止された区間などで、地域住民の移動手段を確保するために地方自治体が運行するバス。

クシーに似た運行形態のものもある。
タクシーとの違いは、同じ時間帯にほかの利用者がいる場合はほかの利用者の乗降する場所も経由することと、運賃が路線バスのようにあらかじめ定められていることである。導入事例として、青森県を走るＪＲ津軽線は災害の影響で２０２２年から一部の区間が長期間不通となっているが、代替交通機関として津軽線沿線の鉄道駅に停車し、時刻表を定めて運行するタイプの「わんタク定時便」と、時刻表を定めずエリア内ならどこでも乗降可能な「わんタク」の2種類のデマンド交通が運行されている。どちらも運賃は５００円均一で、タクシーと比べると格段に安い。[*2]
このように、バスや鉄道といった従来の交通機関が廃止になったとしても、必要に応じて代替交通機関を確保するよう最大限の努力がなされている。

【＊2】 津軽乗合タクシー「わんタク」「わんタク定時便」公式サイト
https://wantaku.jp/

2024年問題、バスはどうなる?

近年、「2024年問題」というフレーズをよく聞く。これはトラックドライバーに関して影響があるものとしている報道が多く、それも事実であるが、実はバス運転士にも影響がある問題である。

2024年問題とは?

そもそも2024年問題とは何だろうか。従来、労働者の時間外労働は厚生労働大臣の告示によって上限の基準は定められていたものの、特別な事情があれば上限なく時間外労働を行うことが可能だった。それが、2019年に施行された働き方改革関連法によって、**特別な事情があったとしても超えてはならない上限が定められた。**この法律は2019年から施行されているものの、自動車運転の業務に関しては経過措置が設けられ、適用は2024年4月1日からとなる。ここでいう「自動車運転の業務」はトラック運転者だけでなく、バスやタクシーの運転者[*1]も含まれている。

これらの業務については、1989年制定の「自動車運転者の労働時間等の改善のための基準」（以下改善基準）で、労働時間等の上限が定められていた。この改善基準を、今回の働き方改革関連法の適用に対応した形で、より厳しい上限の内容に改めることになる。具体的には、トラック運転者において1ヶ月の拘束時間の上限が最大320時間だったものが、2024年以降は310時間が上限となる。また、退勤から翌日の出勤までの勤務の間隔を従来は8時間以上あける必要があったのに対し、今後は9時間以上あける必要がある。

その結果、従来の上限ぎりぎりで運用してきた事業者にとっては上限が厳しくなることにより同じ人数で仕事を捌ききることができなくなる。新たに人材を雇用したくても、人手不足によりそれも叶わず、従来通りの輸送が困難となることが危惧されている。これが2024年問題である。

ただ、前述の通り、この改善基準はトラック運転者だけではなくバス運

【*1】バス「運転者」としているが、これは厚生労働省の改善基準のサイトの記載に合わせている。

転者にも適用される。バスにおいては**1ヶ月の拘束時間が309時間の上限であったものが294時間に、退勤から翌日の出勤までの間隔は8時間以上だったものが9時間以上あけるよう変更される**。また、**年間の時間外労働の上限はトラック・バスともに年960時間が上限**と定められた。これにより、バス会社もこれに対応した勤務体制に組み直す必要があり、各社対応に向けて動いている。

現場への影響は?

長時間労働の常態化抑制になるのは事実だが、実際に働く現場にはどのような影響が出るだろうか。私が運行管理者を行っていた2015年前後は退勤から翌日の出勤までの間隔が8時間ギリギリという勤務はなかったものの、人員不足や急な欠勤による勤務の変更により、結果として退勤と出勤の間隔が8時間ギリギリとなってしまう場合は多々あった。出退勤の時刻においては夜ラッシュに対応する勤務は21時台の退勤が、朝ラッシュに対応する勤務は5時台の出勤が多いため、8時間の間隔であればこの両方を効率よくこなすことができた。とはいえ、その勤務はキツいということであれば運転士は断ることができる環境であったし、家に帰ると睡眠時間が短くなってしまう場合には営業所に宿泊できる設備が整っていた。鉄道乗務員の泊まり勤務は仮眠時間が4〜5時間程度だ。そう考えると、バス運転士において12時間労働などの長時間労働に加えて勤務間のインターバルが8時間ギリギリというのが常態化するのは確かに良くないが、労使間合意のうえで8時間のインターバルで勤務できる余地は残っていてもいいのではないかと感じる。

また、残業時間についても、限界まで稼ぎたいという希望で上限ギリギリまで時間外労働をしている運転士は一定数いる。もちろん従来も拘束時間の上限の規制があるため、1989年の改善基準制定前のような、青天井で残業して年収1000万円を稼ぐということは難しいが、それでもバス会社で稼げるだけ稼ぎたいという考えの人は多い。1ヶ月の拘束時間の上限が15時間減るのも大きな影響だが、それ以上に勤務間のインターバルが9時間に変更されるのが大きい。**本人が残業を希望していたとしても、勤務間のインターバルに合致する勤務に空きがないと残業を割り当てることができない**ためだ。21時台退勤の翌日、5時台に出勤するということが不可能になるので、こういった場面は増えるだろう。その場合、誰が残業することになるか。それは普段あまり残業を希望していない人にお願いして担当してもらうことになるだろう。

現状のルールが長年運用されてきたことにより、「**稼ぎたい人が稼ぎ、休みたい人は休む**」という棲み分けが自然とうまく行われてきた。それが今回の改正で崩れてしまい、残業を希望しない人が残業せざるを得なくなるなら、場合によっては退職してしまうということもあるかもしれない。全員が上限いっぱいまで長時間労働することが前提になった勤務であれば問題だが、そうでなければ本人の希望で多く稼げる余地があったほうが、結果としてあまり稼がなくてもいい（残業が少ないほうが嬉しい）人の希望も叶えられる。

とはいっても、2020年以降のコロナ禍によって特に深夜の時間帯のバスは大幅に減便され、需要が回復しつつある今もその大半は減便されたままだ。法改正自体は2019年に決まっていたので、今回のコロナ禍をきっかけに2024年問題にある程度対応できる勤務体系にシフトしているバス事業者も多いだろう。そう考えると、トラック業界に比べれば思ったより影響は出てこないのかもしれない。実際にどうなるかはやってみないとわからない面も多い。２０２４年になってから大きなトラブルがないことを願うばかりだ。

【参考文献】

◆寺田一薫「規制緩和結果の検証—乗合バス市場」（『国際交通安全学会誌』）２００４年３月
◆山本雄吾・蛯谷憲治「乗合バス事業における内部補助に関する一考察」（『名城論叢』）２０２２年７月
◆高橋愛典「バス事業規制緩和後の10年」（『商経学叢』）２０１１年３月
◆バス運転者の改善基準告示
自動車運転者の長時間労働改善に向けたポータルサイト　厚生労働省
https://driver-roudou-jikan.mhlw.go.jp/
◆時間外労働の上限規制の適用猶予事業・業務　厚生労働省
https://www.mhlw.go.jp/stf/seisakunitsuite/bunya/koyou_roudou/roudoukijun/gyosyu/topics/01.html
◆時間外労働の上限規制　わかりやすい解説　厚生労働省
https://www.mhlw.go.jp/content/000463185.pdf
◆知っていますか?物流の２０２４年問題　全日本トラック協会
https://jta.or.jp/logistics2024-lp/

バスの未来はいずこに

今後、バスという交通機関はどうなっていくのだろうか。未来のことは誰にもわからないので確実なことは言えないが、それでも自家用車保有台数の頭打ち、コロナ禍による減便、2024年問題といった話題が続く今この時期は、バス業界にとって重大な分岐点であることは間違いないだろう。

連節バス、BRTの登場

近年では新たなバスのあり方も模索されている。連節バスの導入もそのひとつだ。連節バスというのは複数の車体が繋がっているバスのことで、運転士は1名のまま通常のバスの2倍程度の乗客を輸送できる。国内では

2005年頃よりじわじわと数を増やしているものの、当初は国産の連節バスは製造しておらず、メルセデス・ベンツ製など海外製の車両しか存在しなかった。それが、2020年に横浜市交通局が国産車の「日野ブルーリボンハイブリッド連節バス」を導入したのを皮切りに、国産車の導入が進んでいる。海外製のバスは部品の取り寄せに難があり、国産車のほうが運用しやすい。これまでの連節バスの運行実績を鑑みて、今後も積極的に導入していこうという考えから、新たに国産車の製造が始まったのだろう。

連節バスと同様にBRT[*1]という言葉もよく聞くようになった。明確な定義はないが、日本でBRTが認識されたきっかけは東日本大震災で被災したJR気仙沼線・大船渡線の代替輸送として、鉄道用地をバス専用道に転換して運行した例だろう。この専用道を確保するのも定時性を維持する観点では従来のバスより優れており、ひとつのBRTの形と言える。

その半面で、大都市の大量の需要を捌くという意味でのBRTは名古屋市に基幹バスという名称で1980年代に導入されて以降、長年導入されてこなかった。しかし、近年では2020年にプレ運行を開始した東京BRTを始めとして、連節バスを軸とした都市型BRTの構想が徐々に広

横浜市営バスが導入した連節バス。愛称「ベイサイドブルー」

【＊1】　バス高速輸送システム。明確な定義はないが専用道路や優先信号機を用いるなどして従来のバスより高速で運行できるようにする仕組み。

まってきた。

２０２３年8月には次世代型路面電車である宇都宮ライトレールが開業した。バスとは直接関係ないように見えるが、バスと路面電車は乗客の移動距離などの性質が近い存在である。宇都宮で路面電車が新たに開業することにより、周囲のバス会社は路線網を大幅に再編。路面電車と重複する区間のバスは廃止、それにより余剰となったバスを活用し、新たなバス路線を開設した。路面電車といえばマイカーが普及する前の１９６０年台以前に活躍していた存在で、マイカーが普及した今では邪魔者扱いされてしまっているのが現実である。そんな中で路面電車の新規開業は実に75年ぶりで、この宇都宮ライトレールが成功すればほかの都市へも導入が進んでいくかもしれない。

スクールバスの空き時間を活用

地域住民の足はマイカーと路線バスだけではない。スクールバス、病院や企業の送迎バスなども存在する。これらを特定の施設への送迎の用途のみに使うのでは無駄があり、広くさまざまな目的で使えるようにするのが

２０２３年8月に開業した「宇都宮ライトレール」の車両

理想だろう。最近では千葉県君津市にてスクールバスの空き時間を活用したデマンドバスの「こいっとバス」が実証運行を行う（現在は終了）など、地域によって状況が異なるなか、各地で最適な運用をつねに模索している。

ここまではバスを使いたいという意思がある人に便利に使ってもらう施策だが、最近では運賃無料デーという取り組みも見かけるようになった。

普段バスを使わない人もバスを利用するため、運賃無料デーは凄まじい混雑になり運行の現場は大変だ。それでも、普段バスを使わない人は近所のバス停の存在すら気にせず、バスでどこに行けるかも知らないことも多い。そんな人であっても、運賃無料をきっかけに存在を知ってもらい、試しに無料で乗車した結果、「バスって実は便利だ」と思ってもらえれば次回以降はお金を払って乗車してもらえるかもしれない。

コラム4 バスにも車種がある？

現在、国内を走るバスは海外製のものもごく一部存在するが、大半は国産のバスである。バスの製造は、エンジンなどの走行部品を作るシャシーメーカーと、車体を製造するコーチビルダーに役割が分かれている。主なシャシーメーカーは「いすゞ自動車」「日野自動車」「三菱ふそうトラック・バス」の3社であるが、コーチビルダーに関してはいすゞ自動車と日野自動車が合同で設立した「ジェイ・バス」と、三菱ふそうトラック・バスの傘下である「三菱ふそうバス製造」の2社が存在。ジェイ・バス製のバスと三菱製のバスは見た目が異なる。

高速バスの代表的な車種を紹介する。いすゞの「ガーラ」、日野の「セレガ」、三菱の「エアロエース」だ。このうち、「ガーラ」と「セレガ」はジェイ・バスの車体であるため基本的に見た目上の違いはない。「セレガ」「ガーラ」と「エアロエース」の見分け方は[*1]、背面の窓を見るとわかりやすい。「セレガ」「ガーラ」は五角形のような窓の形をしているのに対し、「エアロエース」は三角形のような窓の形をしている。

続いて、路線バスの車種について。いすゞの「エルガ」、日野の「ブルーリボン」、三菱の「エアロスター」が各社の代表的な車種だ。こちらも「エルガ」と「ブルーリボン」は見た目上の違いはない。これらと「エアロスター」を見分けるには、前面のガラスを見よう。ガラスが綺麗な長方形であれば「エルガ」「ブルーリボン」だ。一方で「エアロスター」はガラスが少々右下に飛び出たような形になっている。

バス会社ごとの特徴がわかると日々のバスの利用が少しだけ面白くなる。

【＊1】 今回は最新の車種を対象とした見分け方を紹介する。古い車種に関しては形状が異なる。

三菱「エアロエース」。後方の窓が
楕円か三角形のような形

日野「セレガ」。後方の窓が五角形。
いすゞ「ガーラ」は窓の中央が塞がる

三菱「エアロスター」。正面から見ると
右下だけ少し窓が下方に飛び出している

いすゞ「エルガ」。
綺麗な長方形の前面窓

三菱「エアロキング」。国産の2階建てバス
だが、現在は製造されていない

日野「セレガ」。主に観光バスや
高速バスとして使われている

『ローカル路線バス乗り継ぎの旅』
チーフプロデューサーと
バス旅の魅力を語り尽くす！

「歩いたことにして あとはロケバスで……」

そんな旅番組の〝暗黙の了解〟を真っ向から否定したのが、2007年放送開始のテレビ東京『ローカル路線バス乗り継ぎの旅』（通称バス旅）。スタートからゴール地点までを路線バスと徒歩〝のみ〟で踏破するルールのため、頼れるのは案内所や道ゆく人への聞き込みと野生の勘。もちろんスマホ使用禁止！　時にバスが繋がらず（駅や停留所で他のバス会社との接続がなく先へ進めないこと）十数キロも歩いたり、次のバスを待つか歩いて進むかでケンカをしたり……ヤラセ一切なしの〝ガチ旅〟はバス会社勤務の、後の交通系YouTuber綿貫渉のバイブルだった。バス旅を制作してきたテレビ東京・越山進チーフプロデューサーと路線バスの魅力がたっぷり詰まったバス旅について、語り尽くす対談企画！

越山進《こしやますすむ》
（写真右）

テレビ東京『ローカル路線バス乗り継ぎの旅（バス旅）』『ローカル路線バス乗り継ぎの旅Z』チーフプロデューサー。リーダー気質でぐいぐい引っ張る太川陽介とマイペースな蛭子能収に加え、女性ゲスト（マドンナ）を迎えて珍道中が繰り広げられる。バス旅はテレビ東京の「土曜スペシャル」（土スペ）枠で大いに人気を博した。

路線バスだけの番組を作る

越山進チーフプロデューサー（以下、越山）　鉄道の本はよくありますが、路線バスをテーマにした本って珍しいですね。

綿貫渉（以下、綿貫）　そうなんです。電車は乗ることを含めて趣味として確立されていますが、路線バスはあくまで移動手段という認識が強い。その路線バスで番組を成立させて、コアなファンをつくったバス旅は本当にすごいです。

越山　ありがとうございます。綿貫さんのYouTube、見ましたよ。路線バスだけで東京から大阪へ行くやつ（「東京大阪路線バスの旅」全6回）。アホですね（笑）。

綿貫　バス旅をオマージュしました（笑）。

越山　僕らは番組を制作する建前があるし、3人の出演者とスタッフもいる。カメラだって回ってる。でも、綿貫さんはずっと一人で、カメラだって自分で撮っているんでしょ？　頭おかしくなりませんか？

綿貫　バスが好きなので、なんとか大丈夫です（笑）。バス旅シリーズはすべて拝見しました。YouTubeをやっていて痛感するのは、バス旅のおかげで地元の人以外は乗らないようなエリアの路線バスに乗っても、運転士さんにバスを乗り継ぐ旅をしていると話すと納得されることが多いので。バスファンの方はみんな恩恵を受けていると思いますよ。

越山　そうなんですか？　まぁ、僕らは何時のどの便に乗るかわからない状態でも受け入れてもらっているので、ハードルが下がるのかもしれませんね。なんにせよお役に立てていたようでよかったです。

バス旅の制作の裏側

綿貫　いろんな意味で革命をもたらした[*1]バス旅の

あくまで移動手段の路線バスで番組を成立させて、すごいです制作裏話をお聞かせください。

越山　太川《たがわ》蛭子《えびす》時代の初期の頃は、よくあるバスを使った旅番組って雰囲気もあって、けっこうのどかにやっていたんですよね。ただ、第2弾では先に進めるバスがない状況になり、ロケバス移動を余儀なくされたんです。そうしたら、マドンナ*2だった相本《あいもと》（久美子《くみこ》）さんが「ズルしてバレて、変なことを書かれたら悔しい。歩きます」と言った。その放送は視聴率もよかったし、この発言が番組の方向性を決めたといっても過言ではないですね。まぁ、そのときはゴールできませんでしたが（笑）。

綿貫　第2弾は東京から京都まで。これを3泊4日はキツイですね。私は東京—大阪間で7日間かかっていますし……。ゴールしなくてもいいというのは画期的で、そこが番組の良さになってますよね。出演者は悔しいけど、制作陣からしたらそこまでの乗り継ぎの過程で番組をつくるから問題ないんですか？

越山　成功するか失敗するかっていうのは正直どちらでもいいですね。あのころは土スペの枠でガチンコ系の旅を僕がやり始めていたんですが、従来ののどかな旅番組は地上波的には飽きられていて、BSに移行し始めていた。地上波のゴールデンでやるならもうちょっと刺激がないと誰も見ないなと思っていたところ、バス旅もゴールできるかできないかのガチのほうへ振って遊びましょうってなっていったんです。まぁ、蛭子さんはブーたれてましたけどね（笑）。

綿貫　それが受けて人気コンテンツに。

越山　本当はもう少し細々とやっていたかったんですが、視聴率が高くなって目立ち始めてしまって。「バス旅は頭おかしいから、マドンナ役は引き受けないほうがいい」と業界に知れ渡ってしまった（笑）。

綿貫　バスが繋がらないところは本当に歩きますもんね。私も自分のチャンネルでバス旅をやって、20km歩いたときは相当辛かった。本家のバス旅は毎日1日10km歩くような回もあるじゃないですか。

「歩きます」の一言で、その後の番組の方針が定まりました

越山　松井珠理奈《じゅりな》ちゃんがマドンナの回[*3]なんて、4日間で60キロ歩いてますからね。珠理奈ちゃんが「辛すぎる……」とリアルに泣いていましたから。しかも失敗するという……。

綿貫　マドンナが歩くのを嫌がるシーンも番組のおもしろさのひとつかと思います。

越山　田中&羽田《はだ》コンビはパワープレー。バスを待ったほうが早いのに比較的歩きたがる。別にいいけど、マドンナからしたらいい迷惑ですよ（笑）。

終わった後の打ち上げでマドンナの「こんなに辛いと思わなかった」「もう二度とやりたくない」ってリアクションは多いですね。そういった愚痴を聞くのが僕の役割（苦笑）。

出発地点、ゴール地点の決め方

綿貫　ルートを見ると明らかにヤバイとき[*4]があります。出発地点、ゴール地点はどのように決めているのですか？

越山　ものすごくざっくり言うと適当です（笑）。初期は観光地から観光地、観光スポットを通って、この時期に行くときれいな場所、初めて乗る路線とか、いわゆる旅番組の常識的なところを基準に設定していました。でも、やっていると場所も路線もかぶってくるから、3泊4日でギリギリ着くか着かないかのルートを設定して、そこの近くに有名な場所があれば、「そこがゴールでいいだろ」と後づけで決めていますね。

綿貫　たしかに適当ですね（笑）。全国には多くのバス会社がありますが、番組ではどのくらいのバス会社が登場しましたか？

【＊1】あくまで移動手段である路線バスだけで番組を成立させて、さらには人気番組になった旅番組としても異端の存在。
【＊2】バス旅に毎回呼ばれる女性ゲストを「マドンナ」と呼ぶ。
【＊3】バス旅Z第18弾
【＊4】バスにある程度乗っている人からすると、これはゴールは無理だろうというような難しい場合も多々ある。

出発地点とゴール地点は適当に決めてます（笑）

越山　主要な会社はすべて乗りましたよ。ただ、ロケの撮影許可が下りないバス会社もあります。そういった路線はバス旅では触れてないし、乗るようなルートをそもそも組みません。あとコミュニティバス（自治体が運用する交通エリア解消用バスで、全国無数に存在）もあまり乗っていません。個人的にはのどかで好きなんですけどね。

綿貫　それも含めて、ルートの事前調査も大変そうです。

越山　かなり入念にやりますね。いくつかルートを割り出してそれぞれどのくらい時間がかかるのか、バスが繋がらない場合はどのくらい歩くことになるのか、などを検証します。回によりますが、最適解のルートで行けたらだいたい4日目の午後につくように設定して。ただノーミスで行けることなんてありませんからね。バスが繋がらない場所も絶対出てきますし。

綿貫　バス旅において、〝県境はつながらない〟は定番フレーズです。

越山　そうですね。基本的に県をまたぐとバス会社が変わりますからね。「この県境は絶対に歩くことになるな」となったら実際にロケハンして、何時間歩くことになるのか、歩道の有無などを確認します。県境の峠道で車道しかなく、時間帯によっては安全に歩けない可能性も出てきますので。

綿貫　私が10年前に旅をしたときに、トラックがバンバン走っているのに歩道がないトンネルがあって、怖くて歩くのを断念したんです。でもバス旅では普通に歩いていて[*5]「マジかよ……」と。

越山　本当に危ないところは歩きませんよ。事故が起きたらおしまいなんで。今までもそれをちゃんと公表したうえで、苦肉の策で車移動をしたこともあります。

綿貫　その苦肉の策が発動する基準がだいぶ高いような気が……（笑）。

越山　（笑）。だって、あんまり多用すると楽しくないですから。

〝県境はつながらない〟がバス旅の定番フレーズ

綿貫　それと私がやったときは旅中にスマホ使用OKだったので、ほぼ予定通り行けましたが、事前のルート調査がめちゃくちゃ大変でした。なので、バス旅もバスにかなり詳しいスタッフがルート設定しているのかと。

越山　専門家はいません。ただ、（旅行情報サイト）「タビリス」代表の鎌倉淳さんとは交流があります。放送後にTVerなどで配信するためのルート検証動画をつくれと編成から言われ、タビリスさんはそれ以前から毎回バス旅の検証記事を独自であげてくださっていたので、[*6]お願いしてみたんです。それ以来の付き合いです。

ルートの難しさは回によって調整？

綿貫　ルートの難易度について教えてください。バス旅が17勝8敗で勝率68％、バス旅Zが9勝10敗で勝率47・4％。毎回成功するとそのようにルートを作っていると思われるから、成功と失敗が半々になるように難易度を調整しているのかと思っているのですが。

越山　結果的に難しかったり、易しかったりすることはありますが、調整することはありませんよ。ただ、さっきも言った通り、田中羽田コンビは比較的若くて、歩いて強行突破してくるから、太川蛭子時代よりは難易度が上がっていると思い

【＊5】　バス旅Zの第7弾、岩手県の唐丹駅～吉浜駅の区間。
【＊6】　旅行総合研究所タビリスによるバス旅正解ルートの検証記事がまとまっている
https://tabiris.com/archives/category/media/localbustabi/

ます。田中さんは「いつも難しすぎるから簡単なルートにしてよ」と最後までぼやいていました。

綿貫 出演者と制作陣のガチンコ勝負ですね。

越山 はい。例えば演者がAルートとBルートで迷っていて、聞き込みをしてもはっきりしない。そういうときにすがるような目でスタッフを見てくるんです。でも全員、目をそらします。それはバス旅もバス旅Zも同じ。だから僕らも想定してなかった〝ミラクルバス〟を見つけられて楽勝でゴールされたりすると負けた気がして、制作陣も悔しい思いになりますよ。

綿貫 逆に正解ルートから外れると……?

越山 「そっちじゃないのにな〜」と思いながら、心の中で笑ってます(笑)。ただ駅の案内所にとんでもなくバスの乗り継ぎに詳しい人がいることがあるんです。そういう〝案内所の神〟がいると「やばい……!」ってなりますね。

ロケで路線バスの衰退を感じることは?

綿貫 昨今、地方の路線バスは廃線が相次いでいます。そうなるとルートも作りにくくなりそうです。

越山 難しくなりますね。でも自治体がやってるコミュニティバスならともかく、路線バスはビジネス。赤字路線を廃止するのはある意味当たり前のことです。ただ、それによって移動手段がなくなったら、そこに住むお年寄りは大変ですよね。

綿貫 廃線以外で路線バスの衰退を感じることはありますか?

越山 田舎はすごく古いバスが多いですね。行先表示板も幕がくるくると回るアナログのタイプだったりすることもあります。ロケ中に一度、乗っているバスの電気系統のトラブルがありバスが動かなかったことがありました。ドキュメンタリーとしてはトラブルで演者の予定どおりにいか

正解ルートから外れると、「そっちじゃないのにな〜」と心の中で思ってます

ないのは大歓迎なんですけど、バス会社が新しい車体に買い替える余裕がないと思うと、なかなか厳しい現実を感じさせますね。でも今は自動運転バスの実験が行われているんですよね？

綿貫　今年4月からは「レベル4」[＊7]の、公道での自動運転が解禁されました。

越山　そうすればコストを抑えられるし、バス会社的にはいいかもしれないですね。バス旅的にはキャラの宝庫である運転手の皆さんと絡めなくて痛いけど。まぁ、実用化されるころまでシリーズが続いてないか（笑）。

「バス旅」の今後の展望は？

綿貫　バス旅Zは通算成績で負け越しとなり、昨年2022年8月放送の第19弾のコンビ解散でシリーズ終了となっています。

越山　第9弾から急にルールが追加されました（笑）。解散危機が3回あって、そのたび目の色変えてやるから盛り上がるじゃないですか。それでもこっちは手加減せずにルートを作ってたから、最後に失敗したときは2人とも呆然としていました。

綿貫　そして、今夏放送されたのが女性だけで挑む「ローカル路線バス乗り継ぎの旅W」（バス旅W）。

越山　僕はもう終わりでいいんじゃないかなって思っていた。使命もまっとうしただろうし。でも派生番組が他局を含めていっぱい出てきているなか、一応元祖としてもう1シリーズだけという話になりました。

綿貫　キャスティングはどのように決めたんですか？

越山　赤江《あかえ》珠緒《たまお》さんは太川さんのファンで。今までもマドンナ役でオファーを何回か出していたん

【＊7】高度運転自動化。レベル1～5があり、レベル4では限定された条件下でドライバーが運転席を離れることができる。

バス旅の新シリーズも
始まりました！

ですが、帯でラジオ番組やっていたから無理だった。で、「たまむすび」が今年3月に終了したということで、あらたて声をかけさせてもらいました。

綿貫　満を持してですね（笑）。

越山　ももいろクローバーZの高城《たかぎ》れにちゃんは以前別のバス企画に出演していて、ガッツがあるのを知っていたので。三船《みふね》美佳《みか》ちゃんは映画（『ローカル路線バス乗り継ぎの旅 THE MOVIE』）にマドンナ役で出てもらった縁ですね。彼女も「（朝だ！生です）旅サラダ」を卒業してやりたいと言っていたんで声をかけました。

綿貫　番組を終えるとお声がかかる（笑）。ちなみに、映画も見させていただきました。台湾編、おもしろかったです。

越山　あれ、おもしろかったですか？（笑）。バス旅がすっかり人気コンテンツになったから、テレ東の映画を制作するセクションから声がかかったんです。そんなノリの番組じゃないからずっと断っていたけど、蛭子さんの体力を理由に2017年で終了することが決まった。だったら集大成として最後にシャレで映画をやってみようかって。

綿貫　そうだったんですか。

越山　で、台湾を縦断ってことになったんですけど、まさかの台風が直撃、全バス運休でしょ。「終わったな……」と思いましたよ。

綿貫　それなのにミラクルバスが見つかって、4日目でゴールしたのは神業でした！

越山　まぁ、海外で言葉が通じないし難しいだろうってことでルートは易しめに設定してはいましたけど……なんか台本っぽく思われちゃうなーって（笑）。

綿貫　いえ、バス旅なんだからガチなんだろうなと思いましたよ。

越山　そうですか？　なんにせよヘトヘトになったんでもう海外でやるのはいいかな。

綿貫　沖縄もまだやっていませんね。

越山　土スペのほかのガチ旅企画ではやっているけど、バス旅では沖縄だけ行ってませんね。なぜかというと、3泊4日でルートがつくれないんですよ。どうやっても2泊3日で着いちゃう。

綿貫　奄美大島も入れるとか。

越山　それバス旅じゃないでしょ（笑）。一応、バスにはこだわってますから。

綿貫　そうなんですね。沖縄のバスは平気で遅れるからおもしろいと思ったんですが……。

越山　それは最高！（笑）。予定どおりにいかないなんてまさにバス旅。景色もきれいだし、ぜひ綿貫さんがやってください。

綿貫　前向きに検討します！

越山Pにとってのバス旅とは

綿貫　最後に、越山さんにとってバス旅とはどんなものなんでしょう？

越山　人生みたいなものじゃないですか。4日間、ケンカもしながらみんなでがんばって進んで、ゴールに向かう。でもどんなに努力しても報われないこともある。もちろん感動の成功もあるけど、余裕で失敗してあっけない終わり方もする。

綿貫　本当にそうですね。本当に人生の縮図ですよ。

越山　僕からもひとつ質問していいですか？

綿貫　何でしょうか？

越山　綿貫さんは電車にも乗るみたいですけど、電車とバス、どちらが好きなんですか？

綿貫　どちらも好きですよ。

越山　ほんとですか？　新卒でバス会社に就職して、どこへ転職したんでしたっけ？

綿貫　鉄道会社です。

越山　だったら全然鉄道のほうが好きなんじゃん！

綿貫　そこも辞めて、今は専業YouTuberです。

越山　乗り継ぎすぎでしょ！（笑）

バス旅とは
人生のようなもの

おわりに

最初にこの本の執筆の話が上がったとき、私がバス会社を退職したのは8年も前の話で、しかも在籍期間はたった1年半。そんな人物がこの本を書けるわけがないと固辞していた。しかし、出版社の担当者と何度も打ち合わせを行い、「この本は絶対面白いです！」と背中を押しに押してもらえたおかげで刊行することができた。終わってみれば、私のたった1年半の勤務経験は本当に1年半なのかと言いたくなるくらい次から次にトラブルに見舞われていて、本に書く内容に困るどころか泣く泣く削るエピソードもあるほどだった。さらに、私の職員としての観点だけではなく、私が利用者として各地のバスを利用して見て感じたこと、さらに運転士・大学教授・テレビ東京の番組チーフプロデューサーという様々な視点からの内容も盛り込むことができた。ページ数は計画当初よりも大幅に増え、この本を通じて発信したいものはすべて出し切ることができ、満足して今日を迎えている。

世の中は常に変わりゆくものである。本文にも登場した宇都宮ライトレールは、この本が世に出る頃には開業から1ヶ月が経過しているが、ちょうどこの原稿を書いている翌日、2023年8月26日に開業し、さらにその翌日である8月27日にバス路線の再編が行われた。開業前に現地を全駅歩いて訪問する動画を作成したが、開業によりバスだけでなく、マイカー利用者や企業の従業員送迎バスも一定数がライトレール利用に移行するなど、道路の使われ方自体が一変するだろう。道路を走るバスのあり方はバス会社単独だけでは決まらない部分も数多くある。それを如実に感じる現地訪問だった。宇都宮ライトレールに関わる周囲の交通状況の変化は今後も注視していきたい。

路線バスというと、人手不足や利用者減少で減便という報道だけが目立つ。そんな逆境の中で、2013年には交通政策基本法という法律が施行された。この法律で急に何かが変わるという性質のものではないが、「国は日常生活等に必要不可欠な交通手段の確保に努めるもの」と定めている。この方向性のもとで、バスを始めとした交通機関に携わる人々は、可能な範囲でこの公共交通機関を維持していこうとあらゆる取り組みを行っている。バスがいま置かれている状況が厳しい状況にあることは変わりないが、真っ暗というほど未来が絶望的なわけではない。今後、バスの存在を忘れることなく使い続ければ、きっと将来もそこにバスの姿はあるはずだ。

2023年8月25日　綿貫渉

綿貫渉

わたぬきわたる

チャンネル登録者数13万人(2023年9月現在)の交通系YouTuber。大学で地理学を学んだ後、首都圏のバス会社に総合職として就職。その後JRに転職し駅員・車掌として働く。2017年にYouTuberとしての活動を開始。自身の経験を活かして学術面・事業者面・利用者面といった広い視野から公共交通の魅力を発信しており、その独特の視点は視聴者から評価が高い。

X(旧Twitter)　@wataru_w

YouTube　https://www.youtube.com/@wataru_w

著書に『怒鳴られ駅員のメンタル非常ボタン 小さな事件は通常運転です』(KADOKAWA)

『眠れなくなるほど面白い 図解 鉄道の話』(日本文芸社)がある。

協力　滑川弘樹

ブックデザイン　鈴木千佳子

構成協力　武松佑季

DTP　横川浩之

図版　みの理

校正　渡辺貴之

逆境《ぎゃっきょう》路《ろ》線《せん》バス職《しょく》員《いん》日《にっ》誌《し》

車庫《しゃこ》の端《はし》から日本《にほん》をのぞくと

2023年10月25日　初版発行

著　者　綿《わた》貫《ぬき》渉《わたる》

発行所　株式会社二見書房

東京都千代田区神田三崎町2-18-11

電話 03(3515)2311[営業]　振替 00170-4-2639

印　刷　株式会社 堀内印刷所

製　本　株式会社 村上製本所

落丁・乱丁本はお取り替えいたします。定価はカバーに表示してあります。

ISBN978-4-576-23118-1　https://www.futami.co.jp/